TRAVELMAG

DAS UNESCO WELTERBE
DEUTSCHLAND, SCHWEIZ, ÖSTERREICH

Die faszinierendsten Kultur- und Naturmonumente der Erde

Nach der Konvention der UNESCO

350

POLIZEI
Pionier

AUTO-FAHRE KAUB

TRAVELMAG

DAS UNESCO WELTERBE

DEUTSCHLAND, SCHWEIZ, ÖSTERREICH

Einen reizvollen Kontrast bilden der Kölner Dom, ein Meisterwerk der Hochgotik und das Wahrzeichen der Stadt, und die Hohenzollernbrücke, ein Monument moderner Industriearchitektur aus dem 20. Jahrhundert.

ZU DIESEM BUCH

»Ein Gebrauchsfähiges, Nützliches, Zweckmäßiges schön zu machen, ist Aufgabe der Architektur.«

(Karl Friedrich Schinkel)

»Kunst ist die rechte Hand der Natur« (Friedrich Schiller)

Die Zerstörung einzigartiger Monumente des Alten Ägyptens durch den Bau des Assuan-Staudamms waren einst der Anlass für die UNESCO, herausragende Kultur- und Naturdenkmäler unter Schutz zu stellen. Seit 1978 wurden deshalb weltweit mehr als 800 Monumente, die laut Welterbekonvention von »außergewöhnlicher Bedeutung sind und daher als Bestandteil des Welterbes der ganzen Menschheit erhalten werden müssen«, als Welterbestätten ausgewiesen.

Auch in Deutschland, Österreich und der Schweiz erfüllen bisher 49 Stätten die maßgeblichen Kriterien der Authentizität und des universellen Werts und wurden deshalb mit dem UNESCO-Siegel ausgezeichnet. Das Spektrum reicht dabei von Bauwerken wie dem Aachener Dom, der Würzburger Residenz oder Schloss Schönbrunn, historischen Stadtzentren etwa von Lübeck, Regensburg, Graz oder Bern über Natur- und Kulturlandschaften wie die Wachau oder die Alpenregion Jungfrau-Aletschgletscher-Bietschhorn bis zu archäologischen Stätten wie dem Obergermanisch-Rätischen Limes und technischen und Industriedenkmälern wie der Völklinger Hütte oder der Semmeringbahn.

Jedes Monument wird detailliert in Text und Bild präsentiert. Umfangreiche und besonders spektakuläre Stätten werden durch zusätzliche Bild-Doppelseiten vorgestellt. Kompetente Texte und großformatige Fotos in Farbe machen das Buch zu einer eindrucksvollen Enzyklopädie.

Ausgesuchte Themenseiten liefern Hintergrundinformationen und Kurzbiographien zu Persönlichkeiten, die mit dem jeweiligen Monument in historischen Zusammenhang stehen. Ein Kartenteil, auf dem sämtliche Welterbestätten Deutschlands, Österreichs und der Schweiz eingezeichnet sind, ergänzt den Textteil abschließend um eine geografische Orientierung.

In diesem Sinne, frei nach Goethe: »Willst du dich am Ganzen erquicken, so musst du das Ganze im Kleinsten erblicken.« Viel Spaß beim Erblicken im Kleinsten!

Als einer der großen Barockbauten gilt die Würzburger Residenz von Balthasar Neumann. Davor steht der Frankonia-Brunnen mit den Figuren Walthers von der Vogelweide, Riemenschneiders und Grünewalds.

Seite 1: Das gotische Münster St. Vinzenz beherrscht diese Stadtansicht von Bern. Die Schweizer Bundeshauptstadt ist vor allem wegen ihrer schönen Laubengänge, Stadttore und Brunnen einen Besuch wert.
Seite 2–3: Der Alte Hafen von Wismar wird heute nur noch von kleinen Booten genutzt. Typisch für die Ostseestadt sind Backsteingebäude wie hier das Wassertor.
Seite 4–5: Andreas Schlüters Reiterstandbild des Großen Kurfürsten Friedrich Wilhelm in der Kuppelhalle stimmt den Besucher auf die Skulpturensammlung des Bode-Museums ein.
Seite 6–7: Der barocke Wallpavillon im Dresdner Zwinger bildet mit Brunnen und Teich eine stimmungsvolle Kulisse für ein festliches Feuerwerk.
Seite 8–9: Das Castello di Montebello in der tessinischen Hauptstadt Bellinzona ist Bestandteil eines der größten geschlossenen Wehrarchitektur-Ensembles in Europa.
Seite 10–11: Das Eingangsvestibül des Kunsthistorischen Museums in Wien kann schon für sich genommen als Kunstwerk gelten. Weiter drinnen erwartet den Besucher dann eine der bedeutendsten Gemäldesammlungen der Welt.
Seite 12–13: Burg Pfalzgrafenstein auf einer Rheininsel bei Kaub ist eine auffällige Wegmarke im Oberen Mittelrheintal, einem der schönsten Flussabschnitte des Rheins.

DEUTSCHLAND

INHALTSVERZEICHNIS

HANSESTADT LÜBECK

Hanse, Marzipan, die Manns – das sind die Schlagworte, die man gemeinhin mit Lübeck verbindet. Die Hauptattraktion der einst mächtigen Hansestadt ist jedoch der mittelalterliche Stadtkern, der mit seiner stilbildenden Backsteingotik trotz der Zerstörungen des Zweiten Weltkriegs fast geschlossen erhalten geblieben ist.

Jahr der Ernennung: 1987

Als Handelsstadt wurde Lübeck 1143 von Graf Adolf II. von Holstein gegründet. Der 1226 verliehene Status einer freien Reichsstadt bedeutete für die Kaufmannschaft und die Handwerkergilden weitgehende wirtschaftliche Unabhängigkeit. Durch Handelsgeschick und Fleiß wurde die Stadt an der Trave im Hinterland der Ostseeküste bald zur »Königin der Hanse«, die bereits Ende des 13. Jahrhunderts eine führende Stellung innerhalb dieses mächtigen Städtebundes einnehmen sollte.

Aber auch in geistlicher Hinsicht war Lübeck als Zentrum des Bistums Oldenburg sehr bedeutend, und so begegnet man in der Altstadt den Zeugnissen kirchlicher und weltlicher Machtdemonstration gleichermaßen.

Der im 13. Jahrhundert errichtete, später gotisch umgebaute Dom zeugt vom Einfluss des Bischofs, die doppeltürmige Hauptkirche St. Marien von der Spendenfreudigkeit des Rates. Ein weiterer bedeutender Kirchenbau ist die Museumskirche St. Katharinen aus dem frühen 14. Jahrhundert mit Plastiken von Ernst Barlach und Gerhard Marcks sowie einem Gemälde von Tintoretto. Das Rathaus Lübecks, eines der größten des Mittelalters, und das 1280 gestiftete Heilig-Geist-Spital dagegen offenbaren den Reichtum der Kaufmannschaft ebenso wie zahlreiche stolze Bürger- und Gildenhäuser, so etwa das prächtige Haus der Schiffergesellschaft.
Von den fünf mächtigen Stadttoren ist lediglich das Holstentor erhalten geblieben, das bekannteste Wahrzeichen der Stadt. Erbaut wurde es von 1464 bis 1478 vom Lübecker Ratsbaumeister Hinrich Helmstede. Das wehrhafte Tor besitzt bis zu 3,50 Meter dicke Mauern und war mit 30 Geschützen ausgestattet, aus denen jedoch nie ein Schuss abgefeuert wurde.
An die in Lübeck geborenen Schriftsteller Heinrich und Thomas Mann erinnert das Buddenbrookhaus in der Mengstraße, in dem bis 1891 die Großeltern des Brüderpaars wohnten.

Restaurierte Segelschiffe und Kaufmannshäuser zeugen im Lübecker Museumshafen von der einstigen Bedeutung der Hansestadt (großes Bild). Imponierend sind auch die Fassaden von Heilig-Geist-Spital und Rathaus (unten, von links).

ALTSTÄDTE VON STRALSUND UND WISMAR

Die beiden an der Ostsee gelegenen Städte Wismar und Stralsund bilden als idealtypische Beispiele für das kulturelle Vermächtnis der Hanse ein gemeinsames Welterbe.

Jahr der Ernennung: 2002

Beide Städte verfügen über ein geschlossenes mittelalterliches bzw. frühneuzeitliches Altstadtensemble mit den für Norddeutschland typischen Backsteinbauten. Ihre historischen Zentren wurden in den 1990er-Jahren vorbildlich restauriert.
Die Lage an der gleichnamigen Bucht sowie an der alten Handelsstraße von Lübeck ins Baltikum prädestinierte Wismar schon früh zu einem bevorzugten Handelsplatz. 1229 erstmals als Stadt erwähnt, trat es 1259 der Hanse bei. Das Herz Wismars ist der Marktplatz mit der Wasserkunst und dem »Alten Schweden«, dem ältesten Bürgerhaus der Stadt (um 1380) mit eindrucksvollem Backsteintreppengiebel. Zahlreiche Giebelhäuser im Stil von Gotik, Renaissance, Barock und Klassizismus sowie sechs Backsteinkirchen, darunter die monumentale Nikolaikirche (14. Jahrhundert), zeugen vom einstigen Reichtum Wismars. Am Alten Hafen im Nordwesten der Altstadt hat sich das spätgotische Wassertor der Stadtbefestigung erhalten.
Stralsund, seit 1293 Mitglied der Hanse, war im 14. Jahrhundert eine der bedeutendsten Städte im Ostseeraum.

Vom Stolz des wohlhabenden Bürgertums zeugen die aufwendig gestalteten Kaufmannshäuser in der Altstadt, die auf einem Inselkern zwischen dem Strelasund und den im 13. Jahrhundert aufgestauten Teichen liegt. Besonders sehenswert sind am Alten Markt das Wulflamhaus und das um 1400 errichtete Rathaus, mit seinen Schaugiebeln einer der schönsten Profanbauten der norddeutschen Backsteingotik. Bedeutende Sakralbauten sind die benachbarte hochgotische Nikolaikirche, das 1254 gegründete Franziskanerkloster St. Johannis und der Kampische Hof, einst ein Zisterzienserkloster. Im 17. und 18. Jahrhundert entstanden unter der Herrschaft der Schweden Barockbauten wie das Schwedische Regierungspalais.

Die Nikolaikirche und das Rathaus mit den Schaugiebeln beherrschen den Alten Markt von Stralsund (links unten). Dominierendes Gebäude auf dem Marktplatz von Wismar ist die 1602 errichtete Wasserkunst, die noch bis 1897 der Wasserversorgung der Stadt diente (rechts unten). Im Alten Hafen von Wismar weckt ein historisches Segelboot Erinnerungen an alte Zeiten (links).

RATHAUS UND ROLAND IN BREMEN

Vom Selbstbewusstsein der altehrwürdigen Hansestadt an der Weser zeugen nicht nur Rathaus und Rolandstatue, sondern auch zahlreiche Kaufmannshäuser und Kirchen. Noch immer spielt der Handel eine bedeutende Rolle, auch wenn Dienstleistungen, Hightech, Wissenschaft und Raumfahrt zunehmend in den Vordergrund treten.

Jahr der Ernennung: 2004

Kaiser Karl der Große erhob 787 die Siedlung am Weserufer zum Bistum. Das Marktrecht folgte ein Jahrhundert später, die Stadtrechte wurden um das Jahr 1200 verliehen. 1358 trat Bremen der Hanse bei. Der Seehandel nahm damals einen mächtigen Aufschwung. Da Bremen an der Unterweser und nicht am Meer liegt, musste 1619 ein künstliches Hafenbecken gebaut werden. Bremen ist über die Jahrhunderte seiner Bestimmung als Handels- und Hafenstadt treu geblieben, und so ist es heute noch – zusammen mit Bremerhaven – der zweitwichtigste Außenhandelsstandort Deutschlands.

Das Rathaus steht symbolisch für die Entwicklung der Stadt und der Hanse. Es wurde 1405 bis 1410 im gotischen Stil erbaut und 1609 bis 1612 im Stil

der Weserrenaissance erneuert. Die untere Rathaushalle blieb im Wesentlichen gotisch, die oberen Geschosse weisen Elemente der Renaissance auf. Ein besonders sehenswertes Schmuckstück ist die Güldenkammer im Inneren des ratsherrlichen Festsaals, wo einst vertrauliche Sitzungen in reich geschmücktem Ambiente abgehalten wurden.

Vor dem Rathaus wacht der – mit Baldachin – fast zehn Meter hohe »steinerne Roland«. Die Figur stammt aus dem Rolandslied und damit dem Sagenkreis um Karl den Großen. Die Nachhut seines Heeres wurde bei Roncesvalles in den Pyrenäen beim Kampf gegen die Waskonen aufgerieben. Dabei starb Roland, nachdem er mit seinem Schwert einen Durchgang in den Fels geschlagen hatte. Im ausgehenden Mittelalter wurde Roland dann zu einem Symbol für städtische Freiheit und eigene Gerichtsbarkeit.

Das Rathaus dominiert mit dem Dom St. Petri das historische Zentrum Bremens rund um den Marktplatz. An seiner Südseite steht der Schütting, das Haus der Bremer Kaufmannschaft im Stil der flandrischen Renaissance, westlich verläuft die Böttcherstraße, ein geschlossenes Gebäudeensemble aus den 1920er-Jahren mit Museen, Kunsthandwerkstätten und exklusiven Geschäften.

Der gotische Dom St. Petri und das Rathaus (links) mit dem »steinernen Roland« (rechts) bilden die prächtige Kulisse für den Bremer Marktplatz.

DOM UND MICHAELIS-KIRCHE IN HILDESHEIM

Mit zwei bedeutenden Sakralbauten, St. Michael und dem Dom, wartet Hildesheim im Harzvorland auf. Die beiden Kirchen gehen in ihren Ursprüngen auf das 11. Jahrhundert zurück und gelten als herausragende Beispiele romanischer Baukunst. Der im Zweiten Weltkrieg zerstörte Dom wurde 1950 bis 1960 originalgetreu wiederaufgebaut.

Jahr der Ernennung: 1985

Bischof Bernwards Bronzetür, deren Flügel mit jeweils acht Reliefs in einem Stück gegossen wurden, ist wohl das bedeutendste Kunstwerk des Hildesheimer Doms, der nach einem Brand im 11. Jahrhundert neu erbaut wurde. In der künstlerischen Gegenüberstellung von Sündenfall und neutestamentarischen Erlösungsvorstellungen auf den beiden Flügeln zeigt sich ein Grundprinzip der bernwardinischen Theologie. Die ebenfalls aus Bronze gegossene und nur teilweise erhaltene Bernwardsäule illustriert das Leben Christi.

Die ottonische Kirche St. Michael, unter Bernward 1010 bis 1033 errichtet, barg die kaiserliche Kreuzreliquie, auf die die Gründung des Bistums Hildesheim 815 zurückgeht. Einzigartig

ist die Verbindung antiker und mittelalterlicher Motive in der Bauausführung. Ein Hauptwerk mittelalterlicher Monumentalmalerei ist die bemalte hölzerne Mittelschiffsdecke aus dem 13. Jahrhundert mit der Darstellung des »Jesseboom«, des Stammbaums Christi. Die Stuckreliefs an den Querschiffsarmen, die »Engelsemporen«, entstanden um 1230. St. Michael wurde im Mittelalter durch das Grab des 1194 heiliggesprochenen Bernward zu einer viel besuchten Pilgerstätte.

Der im Diözesanmuseum nebenan aufbewahrte Hildesheimer Domschatz birgt Manuskripte, reich verzierte Evangeliare und alte Bibeln von unschätzbarem Wert. Weltrang hat auch das Roemer- und Pelizaeus-Museum mit seiner ägyptischen Sammlung.

Das Prunkstück von St. Michael ist die bemalte Holzdecke (unten) über dem Mittelschiff (oben), die den Jesseboom, den Stammbaum Christi, darstellt. Das Werk (um 1230) besteht aus 1300 Einzelstücken und gilt als einzigartiges Beispiel romanischer Monumentalmalerei.

GOSLAR

Goslar verdankt seine herausgehobene Stellung als Kaiserstadt und »Nordisches Rom« – die Kaiserpfalz und insgesamt 47 Kirchen und Kapellen prägen noch heute die Stadtsilhouette – seinen Silberminen. Das historische Bergwerk Rammelsberg zählt ebenso zum Weltkulturerbe wie das geschlossene Ensemble von Fachwerkbauten in der Altstadt.

Jahr der Ernennung: 1992

968 wurde der Berg, in dem bereits zu Zeiten der Römer Erz abgebaut wurde, erstmals schriftlich erwähnt. Kaiser Heinrich II. ließ in der Nähe der reichen Silber- und Kupfervorkommen im 11. Jahrhundert die mächtige Pfalz anlegen. Um 1100 mit Stadtrechten versehen und Sitz einer Reichsvogtei, entwickelte sich Goslar in der Folge zu einer blühenden Reichsstadt und einem geistigen Zentrum des Landes. In der 1186 geweihten Klosterkirche St. Mariae in horto, der heutigen Neuwerkskirche, hat sich die Romanik in selten anzutreffender Reinheit erhalten. Nach 1455, als die 1360 mit Wasser vollgelaufenen Stollen wieder in Betrieb genommen wurden, begann die zweite Blüte Goslars. Die Bautätigkeit dieser Zeit prägte nachhaltig das Erscheinungsbild der Altstadt, deren dichter Fachwerkbestand einzigartig in Norddeutschland ist. Im Rathaus ist mit den Wandbildern im Huldigungssaal ein eindrucksvolles Beispiel spätgotischer Raumkunst zu bewundern. Die Bergmannssiedlung im Frankenberger Viertel aus dem 16. Jahrhundert dagegen illustriert das Leben der Bergarbeiter, für die 1537 das Hospital St. Annenhaus errichtet wurde. Das nach über 1000 Jahren Abbau 1988 stillgelegte Bergwerk ist eines der wichtigsten Bergbaumuseen Europas und bietet viel Anschauungsmaterial.

Prächtige Häuser wie die 1494 von der Tuchmachergilde errichtete Kaiserworth (unten) und die Kaiserpfalz (oben) zeugen von der einstigen Bedeutung Goslars.

QUEDLINBURG

Das im nördlichen Harzvorland gelegene Quedlinburg ist eines der größten Flächendenkmäler Deutschlands. Seinen Welterbestatus verdankt es der mittelalterlichen Altstadt mit über 1200 historischen Fachwerkbauten sowie der romanischen Stiftskirche St. Servatius auf dem Schlossberg.

Jahr der Ernennung: 1994

Heinrich I. errichtete seine Residenz Quitilingaburg über den Grundmauern einer Pfalz, die noch aus karolingischer Zeit stammte. 1129 wurde die Kirche des 936 auf dem Schlossberg gegründeten Stifts dem hl. Servatius geweiht. Die Grundstruktur dieser romanischen Basilika blieb trotz umfangreicher Um- und Anbauten, die noch im 19. Jahrhundert vorgenommen wurden, bewahrt. Ein gotisches Säulenportal schmückt den Eingang zu der mit romanischen Fresken geschmückten Krypta, in der sich die Grabmäler König Heinrichs I. und seiner Gemahlin befinden. Außer Stiftskirche und einigen Klostermauern sind keine weiteren Bestandteile des Stiftes erhalten geblieben. In unmittelbarer Nachbarschaft der Stiftskirche wurde auf den Fundamenten romanischer Vorgängerbauten das Schloss erbaut, das verschiedene Stilelemente hauptsächlich des 16. und 17. Jahrhunderts aufweist.

Von besonderem Reiz ist die Altstadt Quedlinburgs unterhalb des Hügels, die von einer mächtigen Stadtmauer umfriedet wird. Drei gotische Hallenkirchen sind hier noch erhalten. Zahlreiche Fachwerkbauten aus sechs Jahrhunderten und verwinkelte Gässchen versetzen den Besucher ins Mittelalter. Auf dem Marktplatz beeindrucken das zweigeschossige Rathaus im Renaissancestil (1613–1615) mit seinem Frühbarockportal sowie die Rolandstatue von 1427. Einen Kontrapunkt setzt die Lyonel-Feininger-Galerie mit Werken des berühmten Malers und Grafikers.

Kunstvoll gestaltete Fassaden alter Fachwerkhäuser prägen die Altstadt von Quedlinburg (unten). Überragt wird sie vom Schlossberg mit Stiftskirche St. Servatius und Renaissanceschloss (oben).

BAUHAUSSTÄTTEN IN DESSAU UND WEIMAR

Das Bauhaus war eine der bedeutendsten Hochschulen für Gestaltung. Kunst sollte nicht mehr gesellschaftlich abgehoben sein, sondern durch die Verbindung mit handwerklicher Produktion sowohl in der Architektur als auch für Gebrauchsgegenstände vorbildliche Formen und Objekte schaffen. Die meisten Bauhausstätten befinden sich in Dessau; in Weimar sind nur mehr zwei Gebäude erhalten.

Jahr der Ernennung: 1996

»Architekten, Bildhauer, Maler, wir alle müssen zum Handwerk zurück«, schrieb 1919 Walter Gropius, der neue Direktor des Staatlichen Bauhauses zu Weimar. Die geforderte Einheit von künstlerischer Gestaltung und handwerklichem Können spiegelt sich im gewählten Namen wider: Das Wort »Bauhaus« sollte an die Tradition der Bauhütten der großen Kathedralen des Mittelalters anknüpfen. Künstler wie Paul Klee und Wassily Kandinsky folgten dem Ruf ins verschlafene Weimar. Doch dort waren die exzentrischen Künstler und Architekten nie sehr beliebt: Die politischen Umstände zwangen 1925 zum Wechsel in das liberalere Dessau, wo Gropius das Bauhausgebäude errichtete, ein Denkmal des frühen Industriedesigns. Hier

entstanden auch die Meisterhäuser. Das Haus am Horn in Weimar wurde 1923 als ein Modell des Wohnhauses der Zukunft vorgestellt. 1933 wurde das Bauhaus von den Nationalsozialisten geschlossen, viele Bauhauskünstler wie Mies van der Rohe und Moholy-Nagy emigrierten in die USA. Hier lebte die Tradition der Moderne im »New Bauhaus« weiter.

Klassiker der Moderne sind die vom Bauhaus entworfenen Gebäude und Objekte. Dazu zählen das Dessauer Bauhausgebäude (oben; Treppenhaus links unten) und das gläserne Restaurant des Dessauer Kornhauses mit Blick auf die Elbe (rechts unten) ebenso wie der Türgriff und die Wagenfeld-Lampe.

Baumeister der Moderne

Walter Gropius (1883–1969) war einer der Begründer des Bauhauses und zugleich einer der wichtigsten Architekten der Moderne. Nach dem Studium trat er 1907 in das Büro von Peter Behrens in Berlin ein, wo er bedeutende Architekten kennenlernte, darunter Le Corbusier und Mies van der Rohe. 1910 machte er sich als Architekt und Industriedesigner selbstständig. Gleich sein erster großer Auftrag geriet zu einem Meilenstein deutscher Industriearchitektur: das Fagus-Werk in Alfeld an der Leine, das er ab 1911 mit Adolf Meyer baute. Mehrere Gestaltungselemente, die Gropius und Meyer hier entwickelten, setzten sich rasch weltweit durch: die Glasfassade, die kubischen Formen sowie schließlich die Skelettbauweise der Stahlträger, die das Gebäude leicht und elegant wirken lassen.
1919 wurde Gropius zum Direktor der Großherzoglich-Sächsischen Hochschule für Bildende Kunst in Weimar berufen, die er in »Staatliches Bauhaus« umbenannte und in den 20er-Jahren zu einer der

Walter Gropius, Begründer des Bauhauses in Weimar

berühmtesten Kunst-, Design- und Architekturschulen der Moderne von Weltgeltung machte. Seine Architektur übte maßgeblichen Einfluss auf den »International Style« aus, in den Bauhauswerkstätten entstanden viele Vorbilder für Industrieprodukte. 1925 zog das Bauhaus nach Dessau um, wo Gropius das Bauhausgebäude, den Hauptsitz der Hochschule, sowie die Meisterhäuser für László Moholy-Nagy und Lyonel Feininger, Georg Muche und Oskar Schlemmer, Wassily Kandinsky und Paul Klee entwarf. 1934 floh er vor den Nationalsozialisten nach England und weiter in die USA, wo er Professor in Harvard wurde. Nach dem Krieg verwirklichte Gropius wieder einige Projekte in Deutschland, so etwa ein Hochhaus im Berliner Hansaviertel.

Von den ursprünglich sieben Meisterhäusern in Dessau, allesamt von Walter Gropius entworfen, sind noch fünf erhalten und inzwischen restauriert, wie hier das Haus Muche (großes Bild). Von Gropius stammen noch weitere Dessauer Bauten, so etwa das Bauhausgebäude, das ehemalige Städtische Arbeitsamt, das Konsumgebäude und die Siedlung Dessau-Törten.

GARTENREICH DESSAU-WÖRLITZ

Als »herausragendes Beispiel für die Umsetzung philosophischer Prinzipien der Aufklärung in einer Landschaftsgestaltung« wurde das Gartenreich Dessau-Wörlitz zum Weltkulturerbe erklärt. Auf einem Areal von 150 Quadratkilometern entlang von Mulde und Elbe bilden sechs Schlösser und sieben Parks ein großartiges Gesamtkunstwerk.

Jahr der Ernennung: 2000

Fürst Leopold III. Friedrich Franz von Anhalt-Dessau ließ ab 1764 an den Uferpartien eines früheren Elbarmes bei Wörlitz eine weiträumige Parkanlage im englischen Gartenstil errichten. In die vielgestaltige Gartenlandschaft wurden diverse kleinere und größere Baukunstwerke eingestreut. Ausführender Gartenarchitekt war Johann Friedrich Eyserbeck. Die Konzeption der klassizistischen Bauten oblag Friedrich Wilhelm von Erdmannsdorff. Er entwarf die Gebäude nach dem Vorbild berühmter Bauten der römischen Antike, der italienischen Spätrenaissance und des englischen Klassizismus. Der zentrale Bau ist das zwischen 1769 und 1773 errichtete Gartenschloss von Wörlitz, das als Urzelle des deutschen Klassizismus be-

zeichnet wird. Es steht wie die anderen Parkgebäude – etwa Floratempel, Synagoge oder Gotisches Haus – in einem kalkulierten Wechselspiel zur umgebenden Gartenlandschaft. Zum Gartenreich gehören neben den Wörlitzer Anlagen ferner die Schlösser und Parks Großkühnau, Georgium, Luisium, Sieglitzer Berg, Mosigkau und Oranienbaum.

Über die 112 Hektar großen Anlagen von Wörlitz mit exotischen Blumen, Büschen und Bäumen sind zahlreiche Kulissenbauten verstreut, so etwa das herrlich gelegene Wörlitzer Schloss (großes Bild; unten: Detailansicht und Bibliothek). Das Gotische Haus (oben) wurde ab 1773 im neugotischen Stil errichtet.

EISLEBEN, WITTENBERG: LUTHERGEDENKSTÄTTEN

In Wittenberg und Eisleben finden sich zahlreiche Spuren des großen Reformators Martin Luther. Die zum Weltkulturerbe zählenden Luthergedenkstätten umfassen das Geburtshaus und das Sterbehaus in Eisleben, ferner in Wittenberg das Lutherhaus, die Stadtkirche und die Schlosskirche sowie das Melanchthonhaus.

Jahr der Ernennung: 1996

Die Tür der Schlosskirche in Wittenberg, an die Martin Luther 1517 seine 95 Thesen zur Reformation anschlug, wurde 1760 bei einem Brand zerstört. 1858 wurde sie durch eine Bronzetür ersetzt, die nun den Wortlaut der Thesen in goldenen Lettern wiedergibt. Das Grab des Reformators befindet sich in der Kirche vor der Kanzel. In der Stadtkirche hat Luther mehr als 30 Jahre lang gepredigt und die neuen Gottesdienstformen eingeführt. Das Lutherhaus im ehemaligen Wittenberger Augustinerkonvent im Hof des Universitätsgebäudes war über 40 Jahre lang die Wohn- und Arbeitsstätte Luthers. Hier übersetzte und schrieb er und hielt zusammen mit Philipp Melanchthon Vorlesungen ab. Die Lutherstube im ersten Geschoss,

wo die berühmten Tischgespräche stattfanden, ist noch mit einigen Originalmöbeln ausgestattet. Heute residiert im Lutherhaus ein reformationsgeschichtliches Museum. Auch das Geburtshaus und das Sterbehaus Martin Luthers in Eisleben, beide inzwischen vorbildlich restauriert, beherbergen Gedenkstätten zum Leben und Wirken Luthers.

Die Marienkirche und das Standbild Luthers beherrschen aus dieser Perspektive den Marktplatz der Lutherstadt Wittenberg (großes Bild). An die Tür der Schlosskirche (links: Turm und Innenraum) soll Martin Luther 1517 seine berühmten 95 Thesen angeschlagen haben (unten).

Reformer für Gott

Martin Luther (1483–1546) ist die herausragende Figur des 16. Jahrhunderts, ein Mann, der die politische und kulturelle Landschaft verändern sollte wie kaum ein anderer. Geboren und aufgewachsen in Eisleben als Sohn eines Bergbauunternehmers, hatte er Philosophie studiert und sich für Klosterleben und Priestertum entschieden. Die Erfahrung einer Romreise und sein Suchen nach dem richtigen Verhältnis zu Gott führten ihn zu einer zunehmend kritischen Haltung gegenüber der Amtskirche. Luther prangerte alle Formen von Bigotterie an, besonders den Ablasshandel. Im »Turmzimmererlebnis« überkam ihn die Erkenntnis, dass die Gnade Gottes dem

Martin Luther, porträtiert von dem ebenfalls in Wittenberg lebenden Maler Lucas Cranach d. Ä.

Einzelnen nur direkt zuteilwerden kann und die kirchlichen Autoritäten dabei keine Rolle spielen. Durch Thesenpapiere, die er an Fachkollegen verteilte – ob er die 95 Thesen wirklich an der Wittenberger Schlosskirche anschlug, ist zweifelhaft –, gewann sein Kampf an Schärfe.

1521 wurde Luther exkommuniziert und für vogelfrei erklärt. Sein Förderer, Kurfürst Friedrich der Weise, versteckte ihn auf der Wartburg, wo Luther noch im selben Jahr das Neue Testament ins Deutsche übersetzte und damit zugleich zum einflussreichsten deutschen Sprachschöpfer wurde. Die Strahlkraft seiner Persönlichkeit war ein wichtiger Faktor am Beginn der Reformation.

1508 bis zu seinem Tod 1546 bewohnte Martin Luther, von kurzen Unterbrechungen abgesehen, das ehemalige Konventhaus der Augustiner in der Collegienstraße in Wittenberg. Heute beherbergt das Lutherhaus ein reformationsgeschichtliches Museum (großes Bild).

POTSDAM UND BERLIN: SCHLÖSSER UND PARKS

Ein außergewöhnliches Ensemble von Architektur und Landschaftsgärten bilden die Preußischen Schlösser und Gärten Berlin-Potsdam. Hierzu gehören Schloss und Park Sanssouci, Babelsberg samt Sternwarte, Lindstedt, Sacrow, Glienicke, Neuer Garten mit Schloss Cecilienhof, Pfingstberg mit Belvedere und die Pfaueninsel.

Jahr der Ernennung: 1990; Erweiterung: 1992, 1999

»Sanssouci«, ohne Sorge, wollte Friedrich der Große in seiner Sommerresidenz in Potsdam leben. Teils nach eigenen Entwürfen ließ er ab 1745 auf den Weinbergterrassen von Knobelsdorff einen eingeschossigen Bau errichten. Mit seinem plastischen Schmuck und der reichen Ausstattung gilt Schloss Sanssouci als ein Hauptwerk des deutschen Rokoko. Vom selben Architekten stammt auch der Entwurf für die Parkanlage. Weitere Bauwerke kamen hinzu: die Bildergalerie, die Neuen Kammern und das gewaltige Neue Palais. Friedrich Wilhelm IV. setzte dann die Bautätigkeit in Sanssouci fort. Unter seiner Regentschaft wirkten die bedeutendsten Baumeister und Landschaftsarchitekten seiner Zeit. Nach Plänen Schinkels wurde ein altes Gutshaus

zum Schloss Charlottenhof umgebaut, den Park gestaltete Lenné im romantischen Sinn. Bis 1860 folgten Römische Bäder, Orangerie und Friedenskirche. Neben weiteren Schlossbauten (Belvedere, Park und Schloss Lindstedt) umfasst das Welterbegebiet ferner das Dorf Klein-Glienicke und in Potsdam das Krongut Bornstedt und die Russische Kolonie Alexandrowka.

Die Fassade von Schloss Sanssouci wird von Karyatiden und Atlanten in Form von Bacchantinnen und Bacchanten geziert (großes Bild und oben). Die üppigen Figuren bilden den thematischen Bezug zum Weinberg, den Friedrich der Große hier anlegen ließ. Links im Bild eine Gitterlaube im Schlosspark mit einer Replik der antiken Statue »Betender Junge«.

Aufklärer auf dem Thron

Friedrich II. von Preußen, genannt der Große, ist immer noch der beliebteste deutsche König, erkennbar auch an seinem kumpelhaften Spitznamen »der Alte Fritz«. Im Europa des 18. Jahrhunderts erregte Friedrichs straff organisierter kleiner Staat einiges Aufsehen: Während sonst jeder Provinzfürst dem französischen »Sonnenkönig« Ludwig XIV. nacheiferte und an seinem eigenen Versailles bastelte, verkündete Friedrich: »Ich bin der erste Diener meines Staates.« Er schaffte die Folter ab, erlaubte Religionsfreiheit, ließ Einwanderer ins Land, legte

Friedrich II. nach einem Porträt von Anton Graff (1781)

Brachland wie den Oderbruch trocken, schränkte die Zensur ein und verfügte die Gleichbehandlung aller Bürger. Trotzdem hatte das Militär absolute Priorität – hier war er ganz der Sohn seines Vaters, des »Soldatenkönigs« Friedrich Wilhelm I., gegen dessen autoritäre Erziehung er sonst rebellierte.

Seinen Beinamen bekam Friedrich der Große nicht wegen seines aufgeklärten Regierungsstils, sondern für seinen Einsatz im Siebenjährigen Krieg (1756 bis 1763). Diesen Krieg gegen alle großen Nachbarn hatte Preußen schon so gut wie verloren, als sich in letzter Sekunde das Blatt wendete und Russland nach dem Tod der Zarin Elisabeth auf Preußens Seite schwenkte. So war das kleine Preußen plötzlich zur europäischen Großmacht geworden.

Einen langen Schatten wirft Friedrich der Große in Berlin auch heute noch. Sein Reiterstandbild von Christian Daniel Rauch (1851) auf dem Boulevard Unter den Linden wurde stilbildend für viele Fürstendenkmäler (unten). Die musische Ader des Regenten illustriert das in der Nationalgalerie ausgestellte »Flötenkonzert Friedrichs des Großen« von Adolph von Menzel (links).

POTSDAM UND BERLIN: SCHLÖSSER UND PARKS SANSSOUCI

Im Park Sanssouci ließ Friedrich der Große ab 1763 die barocke Zweiflügelanlage des Neuen Palais mit der zentralen Tambourkuppel (links) errichten. Der repräsentative Bau mit seiner prächtigen Innenausstattung sollte nach dem gewonnenen Siebenjährigen Krieg den Führungsanspruch Preußens demonstrieren. Hier posieren Darsteller anlässlich der »Schlössernacht« in historischen Kostümen.

Architektur und Natur vereinen sich im Park Sanssouci zu einem Gesamtkunstwerk mit kosmopolitischem Charakter. Die nach Plänen Schinkels errichteten Römischen Bäder (links) bringen einen Hauch Italien nach Potsdam, das Chinesische Haus (rechts) ist ein Ausfluss der Chinamode, die im 18. Jahrhundert die höfische Kultur prägte.

POTSDAM UND BERLIN: SCHLÖSSER UND PARKS NEUER GARTEN, PFAUENINSEL SCHLOSS GLIENICKE

Harmonisch in die Seenlandschaft von Berlin und Potsdam fügt sich der Neue Garten am Jungfern- und Heiligen See mit dem frühklassizistischen Marmorpalais samt Küche in Tempelform ein (großes Bild). Der Park wurde vom Landschaftsarchitekten Lenné gestaltet, seine Anlage ermöglicht Blickverbindung zu den benachbarten Gärten und zur Pfaueninsel mit dem Weißen Schloss (links unten).

Im Stil einer italienischen Villa wurde Schloss Glienicke ab 1824 nach Entwürfen von Schinkel antik umgestaltet (links). Prinz Carl von Preußen hatte das Herrenhaus im selben Jahr erworben und stand noch ganz unter dem Eindruck einer Italienreise. Das Schlösschen umgibt ein von Lenné gestalteter englischer Garten mit Blumen, Park und Pleasureground.

MUSEUMSINSEL BERLIN

Auf der Museumsinsel zwischen Spree und Kupfergraben erwartet den Besucher auf einem Areal von weniger als einem Quadratkilometer ein weltweit einzigartiges Ensemble von fünf Museen, die zusammen über 5000 Jahre Menschheitsgeschichte repräsentieren.

Jahr der Ernennung: 1999

Als einer der ersten Museumsbauten Deutschlands entstand zwischen 1824 und 1828 das Alte Museum. Errichtet nach Plänen von Schinkel, bildete die monumentale Anlage das städtebaulche Pendant zum damals wichtigsten Gebäude der Stadt, dem königlichen Residenzschloss. In dem Haus, das einige der schönsten Raumschöpfungen des Klassizismus aufweist, wurden auf zwei Stockwerken antike Gemälde und Skulpturen präsentiert. Da der zur Verfügung stehende Platz bald nicht mehr ausreichte, ließ Friedrich Wilhelm IV. die gesamte restliche Insel für Kunstexponate reservieren und zwei weitere Bauten in Auftrag geben.
1843 bis 1855 entstand nach Plänen des Schinkel-Schülers Stüler das Neue Museum, das die Entwicklung der

Künste vom alten Ägypten bis zur Renaissance dokumentierte. Seit dem Zweiten Weltkrieg ist das Gebäude allerdings eine Ruine, gegenwärtig wird es wiederaufgebaut.
Die Alte Nationalgalerie, 1866 bis 1876 erbaut, war damals Malerei und Bildhauerei der Gegenwart gewidmet. Viele der Werke aus dem 19. Jahrhundert hängen seit der Wiedereröffnung des Hauses 2001 wieder an ihrem ursprünglichen Platz.
1904 wurde an der Spitze der Insel das Bode-Museum (vormals Kaiser-Friedrich-Museum) mit dem kuppelüberwölbten Treppenhaus eingeweiht. Hier residieren nach umfassender Renovierung wieder die Skulpturensammlung, das Museum für Byzantinische Kunst und das Münzkabinett.
Als Letzter der fünf Museumsbauten kam zwischen 1912 und 1930 das neoklassizistische Pergamonmuseum hinzu, das erste Architekturmuseum der Welt. Es wurde eigens für die Präsentation riesiger archäologischer Fundstücke aus Vorderasien errichtet, die hier als imposante Teilrekonstruktionen wiedererstanden. Daneben beherbergt das meistbesuchte Museum Berlins auch die Antikensammlung und das Museum für Islamische Kunst.

Das von Schinkel errichtete Alte Museum ist eines der bedeutendsten klassizistischen Bauwerke. Es beherbergt eine griechische Sammlung und bis zur Fertigstellung des Neuen Museums Exponate des Ägyptischen Museums wie die Büste der Nofretete (links unten).

Der Baumeister Preußens

Karl Friedrich Schinkel leistete in Berlin das, was Leopold von Klenze zur gleichen Zeit in München tat: Er gab der Stadt ein zeitgemäßes klassizistisches Gesicht. Geboren 1781 in Neuruppin, hatte Schinkel 1798 das Gymnasium verlassen, um beim späteren preußischen Oberhofbaumeister Gilly zu studieren. Eine Italienreise (1803–1805) rundete seine Ausbildung ab. Da die französische Besatzung Anfang des 19. Jahrhunderts größere Bauaufträge kaum zuließ, verdiente Schinkel seinen Lebensunterhalt zunächst als Maler, wobei ihn – bereits ganz der Architektur verschrieben – vor allem Stadtansichten beschäftigten. Ab 1810 war er in der preußischen Oberbaudeputation angestellt, 1815 wurde er Oberbaurat, 1831 Oberbaudirektor.

Karl Friedrich Schinkel im Jahr 1836

Waren Schinkels frühe Entwürfe noch einer romantischen Hinwendung zum Mittelalter verpflichtet, so gestaltete er seinen ersten großen Bau, die Neue Wache (1818), bereits ganz im klassizistischen Stil. Auch das Schauspielhaus am Gendarmenmarkt (1818–1824) und das anschließend begonnene Neue Museum (das heutige Alte Museum) begründeten seinen Ruf als herausragender Baumeister des deutschen Klassizismus. In Potsdam schuf er 1833/34 die klassizistischen Römischen Bäder und das dem Historismus verpflichtete Schloss Babelsberg. In der Friedrichswerder'schen Kirche in Berlin, einer Schöpfung Schinkels im neugotischen Stil, ist ihm eine Ausstellung gewidmet.

In Anlehnung an das Pantheon in Rom schuf Schinkel die Rotunde des Alten Museums in Berlin. Ihr Innenraum wird gegliedert durch 24 korinthische Säulen, die eine umlaufende Galerie tragen, und römische Statuen. Die mit Kassetten versehene Kuppel ist dekorativ mit Tierkreiszeichen und Genien ausgemalt, eine große Öffnung lässt das Tageslicht in den Raum einfallen.

MUSEUMSINSEL BERLIN PERGAMONMUSEUM

Das Pergamonmuseum verdankt seinen Namen der Teilrekonstruktion eines aus dem 2. Jahrhundert stammenden Monumentalaltars aus Pergamon in Kleinasien, der dort 1878 bis 1886 von Carl Humann ausgegraben und anschließend in ein eigens errichtetes Gebäude in Berlin transferiert wurde (großes Bild). Sein äußerer Fries stellt den Kampf der Giganten gegen die griechischen Götter dar.

Weitere Monumentalexponate des Pergamonmuseums sind neben dem babylonischen Ischtar-Tor mit Prozessionsstraße das Propylon des Athena-Heiligtums aus Pergamon (Bildleiste links) und das Markttor von Milet (Bildleiste Mitte und rechts). Die Fassade des römischen Tors aus dem 2. Jahrhundert wurde aus 750 Tonnen Marmorfragmenten im Museum rekonstruiert.

MUSEUMSINSEL BERLIN
BODE-MUSEUM
ALTE NATIONALGALERIE
NEUES MUSEUM

Das Bode-Museum beherbergt eine der bedeutendsten Skulpturensammlungen vom frühen Mittelalter bis zum 18. Jahrhundert, das Museum für Byzantinische Kunst und das Münzkabinett. Schon die Räumlichkeiten des im wilhelminischen Barock errichteten Gebäudes sind imponierend, etwa die Kleine Kuppelhalle mit dem Rokoko-Treppenhaus (großes Bild) oder die den Geist der Renaissance atmende Basilika (unten).

Die Alte Nationalgalerie (Bildleiste links und Mitte) wurde von Friedrich August Stüler in Form eines römischen Tempels errichtet. Sie ist eine der bedeutendsten Sammlungen der Kunst des 19. Jahrhunderts. Ebenfalls von Stüler stammt das Neue Museum, das zur Zeit renoviert wird und ab 2009 das Ägyptische und das Museum für Vor- und Frühgeschichte beherbergen soll (Bildleiste rechts).

SIEDLUNGEN DER BERLINER MODERNE

Die sechs Berliner Ensembles, erbaut zwischen 1913 und 1934 von Architekten wie Bruno Taut, Hans Scharoun und Walter Gropius, repräsentieren mit ihren klaren, reduzierten Formen den Anspruch der klassischen Moderne. Mit Bädern und Balkonen ausgestattete lichtdurchflutete, warme Wohnungen sollten damit auch für sozial benachteiligte Bevölkerungsschichten erschwinglich sein.

Jahr der Ernennung: 2008

Nach den Erschütterungen des Ersten Weltkriegs war die geistige Landschaft in Europa geprägt von der Suche nach einer neuen, klaren Ordnung, die sich an der Realität gegebener Umstände, an Zweckmäßigkeit und Funktionalität orientierte. Gleichzeitig ermöglichten die Fortschritte der Technik neue Bauweisen – etwa Stahlskelettbau und Einsatz von Guss- und Stahlbeton –, die nun Verwendung in Kunst und Architektur der Avantgarde fanden. Die Konzentration auf den stimmigen Zusammenhang zwischen Form und Funktion wurde im Deutschland der Weimarer Republik begleitet von der gesellschaftspolitischen Utopie, eine neue Architektur für eine neue Stadt und eine neue Gesellschaft zu kreieren.

In Form eines Hufeisens ist die Siedlung Britz angelegt (großes Bild). Kubische Formen, teils durch runde Balkone aufgelockert, dominieren das Haus »Panzerkreuzer« in der Siemensstadt (rechts) sowie Fassaden in der Siedlung »Carl Legien« (unten links) und der Weißen Stadt (rechts Mitte). Großzügige Veranden kennzeichnen die Gartenstadt Falkenberg von Bruno Taut (rechts unten).

Die Berliner Siedlungen – zum Welterbe gehören die Gartenstadt Falkenberg, die Siedlung Schillerberg, die Großsiedlung Britz, die Wohnstadt Carl Legien, die Weiße Stadt und die Großsiedlung Siemensstadt – reflektieren diese Zeit architektonischer und gesellschaftlicher Umbrüche. In ihnen verbindet sich die Architektur der Moderne mit der Idee des Sozialen Wohnungsbaus als Antwort auf die steigenden Bevölkerungszahlen. Auch der ärmeren Bevölkerung sollte nun ein höherer Lebensstandard ermöglicht werden. Die klare Formensprache, die Qualität der architektonischen Komposition und die städtebaulichen Figuren der Siedlungen übten nachhaltigen Einfluss auf die Entwicklung der Architektur im 20. Jahrhundert aus.

Die Wartburg über dem thüringischen Eisenach ist nicht nur hinsichtlich Lage und Architektur der Inbegriff einer Burg, sondern wie kaum ein anderer Wehrbau auch ein herausragender Symbolort deutscher Geschichte, der schon im 19. Jahrhundert als nationales Denkmal galt.

Jahr der Ernennung: 1999

»Wart', Berg, du sollst mir eine Burg werden!«, soll Ludwig der Springer 1067 beim Anblick des Wartberges ausgerufen haben. 1080 wird die Wartburg dann erstmals erwähnt, und in ihrem Schutz entwickelte sich Eisenach, das bald zum Zentrum der Landgrafschaft Thüringen wurde.
Landgraf Hermann I. (gestorben 1217) baute die Wehrburg zu einem repräsentativen Sitz aus. Die Gedichtsammlung über den Sängerkrieg – den Wettstreit zwischen den Minnesängern des Hochmittelalters, darunter Wolfram von Eschenbach und Walther von der Vogelweide – inspirierte viele Dichter und Musiker, so auch den Komponisten Richard Wagner zu seiner Oper »Tannhäuser«. Martin Luther lebte 1521/22 als vermeintlicher »Junker

Jörg« unter dem Schutz des Kurfürsten Friedrich der Weise auf der Burg. Hier begann er mit der Übersetzung des Neuen Testamentes aus dem Griechischen und leistete damit einen wichtigen Beitrag zur Entwicklung der deutschen Schriftsprache.
Zur Zeit des Wartburgfestes 1817, als sich dort die deutschen Burschenschaften versammelten, war die Burg weitgehend verfallen. Erst in der zweiten Hälfte des 19. Jahrhunderts wurde die weiträumige Anlage mit den zahlreichen Gebäuden aus sieben Jahrhunderten wiederhergestellt. In den zwei Höfen finden sich schöne Fachwerkhäuser aus dem 15./16. Jahrhundert, imposante Gebäude im neuromanischen und neugotischen Stil und als ältester Teil der Anlage ein spätromanischer Palas. Sängersaal, Rittersaal, die Kemenate und die Kapelle der 1235 heiliggesprochenen Elisabeth versetzen den Besucher in die Zeit des Hochmittelalters zurück. Die Lutherstube ist fast unverändert geblieben, nur der Tintenklecks an der Wand, der entstanden sein soll, als Luther angeblich das Tintenfass nach dem Teufel geworfen hat, ist nicht mehr zu sehen. In den Museumsräumen befinden sich Kunstwerke aus der Sammlung der Wartburg, darunter Gemälde von Lucas Cranach d. Ä.

Gut zu erkennen ist hier der Stilmix der Wartburg. Ganz links im Bild der romanische Palas sowie der Bergfried. In der Lutherstube hatte Luther einst das Neue Testament übersetzt (kleines Bild).

Weimar, ein kleines thüringisches Städtchen an der Ilm, avancierte im späten 18. und frühen 19. Jahrhundert zu einem Zentrum deutscher Geistesgrößen. Hier nahm eine der bedeutendsten europäischen Kulturepochen ihren Ausgang, die »Weimarer Klassik«, mit Goethe und Schiller als deren Hauptrepräsentanten.

Jahr der Ernennung: 1998

Mit den Worten »Wo finden Sie auf einem engen Fleck noch so viel Gutes?« lockte Johann Wolfgang von Goethe seinen späteren Privatsekretär Eckermann nach Weimar. Diesem folgten Wieland, Herder und Schiller, und sie alle machten die bis dahin eher unbedeutende Provinzstadt für einige Jahrzehnte zum kulturellen Mittelpunkt Deutschlands.

Goethes Haus am Frauenplan war schon 1709 von einem Strumpffabrikanten erbaut worden. 1782 bezog Goethe es als Mieter, lebte hier bis 1786 und dann – nach seiner Rückkehr aus Italien – erneut von 1789 an. In dieser Zeit ließ der Dichterfürst das Gebäude im italienischen Stil umbauen. Das »berühmteste Gartenhaus der Welt«, in dem der Dichter von 1776

bis 1782 ohne Unterbrechung wohnte, steht im Park an der Ilm.
In dem 1726 im Stil des Barock erbauten und nach ihm benannten Haus residierte Herder mit seiner Familie von 1776 bis 1803. In der spätgotischen Stadtkirche wirkte er als Hofprediger.
Im Stadtschloss mit dem charakteristischen Turm sind die Weimarer Kunstsammlungen untergebracht. 1774 zog die Herzogin Anna Amalia in das Wittumspalais, das zum Schauplatz berühmter Tafelrunden wurde. Auch aus dem Rittergut Tiefurt machte die Herzogin einen bedeutenden Treffpunkt der Weimarer Gesellschaft. Schloss Ettersburg am Nordrand des Ettersbergs war zu Goethes Zeiten die Sommerresidenz des Herzogs. Der eindrucksvolle Park wurde nach Vorschlägen von Fürst Pückler-Muskau gestaltet. Das Rokokoschloss Belvedere (Baubeginn 1724) war zunächst als Jagdresidenz der Herzöge geplant.
Die Herzogin-Anna-Amalia-Bibliothek im »Grünen Schloss« (1563), eine der wertvollsten Büchersammlungen der deutschen Klassik, wurde 2004 bei einem verheerenden Brand schwer beschädigt, Tausende Bücher verbrannten. Das historische Bibliotheksgebäude mit dem prächtigen Rokokosaal ist ab Herbst 2007 wieder für die Öffentlichkeit zugänglich.

Einer der weltweit schönsten Bibliotheksräume war der Rokokosaal der Herzogin-Anna-Amalia-Bibliothek bis zum Brand von 2004. Im Stil des Rokoko präsentiert sich Schloss Belvedere (kleines Bild).

Dichter und Denker

Wenn die Rede auf Weimar kommt, mag so manchem an der jüngeren Geschichte interessierten Zeitgenossen zunächst jene Verfassung in den Sinn kommen, die im August 1919 von der Nationalversammlung im örtlichen Theater verabschiedet wurde. Ungleich heller erstrahlt freilich der Glanz, den Anna Amalia anno 1772 der Stadt verlieh. Die Herzogin aus dem Hause Braunschweig hatte als Erzieher ihrer Prinzen Christoph Martin Wieland an den Hof geholt und mit diesem im Wittumspalais und in Schloss Tiefurt alsbald einen literarischen Kreis um sich versammelt. Bald berief der Herzogin Sohn Karl August auch Herder und Goethe nach Weimar. 1799 folgte Schiller. Gemeinsam begründeten diese großen Dichter und Denker den Weimarer Kreis und mit ihrem Schaffen den Ruhm ihrer Wahlheimat als die Stadt der deutschen Klassik.

Das Denkmal von Goethe und Schiller vor dem Deutschen Nationaltheater in Weimar

Doch blieb es den beiden Letzteren vorbehalten, zu Zugpferden des heutigen Kulturtourismus zu avancieren. Der Hauptpilgerort in Weimar ist naturgemäß das Goethehaus am Frauenplan, in dem der Geheimrat 47 Jahre lang lebte. Der schlichte Barockbau ist bis heute original ausgestattet – mit zahlreichen antikisierenden Elementen und damals »hypermodernem« Mobiliar. Authentisch nachgestellt ist auch die Einrichtung des Schillerhauses in der Schillerstraße, das zusätzlich ein dem Dichter gewidmetes Museum beherbergt. Das Goethe- und Schiller-Archiv verwaltet neben rund 120 anderen Archivbeständen auch den Nachlass der beiden Geistesheroen.

Friedrich Schiller bezog 1802 ein spätbarockes Wohnhaus am heutigen Schillerplatz (rechts oben). Die Innenräume wie etwa das Gesellschaftszimmer (großes Bild) enthalten heute noch teils authentisches Mobiliar. Historisches Interieur zeigen auch Goethes Wohnhaus mit Bibliothek und Juno-Zimmer sowie das Gartenhaus im Park an der Ilm (unten, von rechts).

Von Schloss Pillnitz im Südosten bis Schloss Übigau im Nordwesten von Dresden erstreckt sich im Elbtal über 18 Kilometer eine einzigartige Kulturlandschaft. Zum Bereich der Welterbestätte gehören Weinberge, Elbwiesen und -auen, Wasserburgen, Schlösser und Parks ebenso wie das Ensemble der barock geprägten Dresdner Altstadt.

Jahr der Ernennung: 2004

Dresden wurde unter August dem Starken (1694–1733) zu einer Stadt von europäischem Rang ausgebaut. Im Umland ließ der Kurfürst Schlösser errichten, die er vom Fluss aus erreichen konnte. Als Vorbild dienten ihm Venedig und das Brentagebiet – Orte, die er auf einer Kavalierstour durch Europa kennengelernt hatte. So blieben die breiten Elbwiesen als Kulisse für Schlösser erhalten, wie etwa Pillnitz und Übigau. Schloss Pillnitz im Südosten, ein »indianisches Lustgebäude« samt Pagodendächern, Sphingen, Treppenkaskaden und geschwungenen Terrassen, ist der Auftakt zu einer Abfolge von Palästen, Parks, Wäldern und Weinhängen. Weiter gegen Westen folgt die Altstadt von Dresden mit Zwinger, Semperoper, Hof- und Frau-

enkirche, Residenzschloss, Kunstakademie und Brühl'scher Terrasse sowie Kunstsammlungen wie etwa dem Grünen Gewölbe. Zum Weltkulturerbe zählen auch technische Denkmäler wie das »Blaue Wunder«, eine historische Hängebrücke zwischen den Stadtteilen Blasewitz und Loschwitz. Das Barockschloss Übigau bildet den Abschluss des Welterbebereichs.

Barockbauten und klassizistische Gebäude prägen bis heute das Stadtbild Dresdens. Von der Elbe aus bietet sich ein unvergleichlicher Blick auf die Brühl'sche Terrasse mit Kunstakademie, Ständehaus, Hofkirche und Semperoper (großes Bild) sowie auf die wiedererrichtete Frauenkirche (oben).

Der sächsische Herkules

August der Starke war eine schillernde Figur, von eindrucksvoller Gestalt (er soll mit bloßen Händen Hufeisen zerbrochen haben), kunstsinnig, lebenslustig und stets von zahlreichen Mätressen umgeben, außerdem politisch ehrgeizig, wenn auch mit wechselhafter Fortüne. 1694 wurde er nach dem Tod seines älteren Bruders überraschend Kurfürst von Sachsen, 1697 durch geschickte Machtspiele und Bestechung zudem (als August II.) Wahlkönig von Polen – ein Amt, das er 1704 im Nordischen Krieg verlor, 1709 aber wiedergewann.
Als Regierungsstil pflegte August eine Art »Absolutismus light«, wie man heute sagen würde. Er zeigte sich zwar inspiriert vom berühmten französischen Sonnenkönig Ludwig XIV., doch sein Hofstaat blieb bei aller Pracht eine Nummer kleiner und seine Politik eine Spur weniger totalitär. Ein »Geheimes Kabinett« bildete die zentrale Machtbasis. Besonders in Polen gestaltete sich das Regieren aber schwierig und erforderte fast permanente Militäreinsätze. August hatte im Nachbarland keinen Rückhalt in Bevölkerung und Adelskreisen. So erzielte er in Polen daher wenig Einkünfte und wurde vom nationalen Kleinadel als Besatzer empfunden. Umso mehr konzentrierte er sich darauf, Dresden als prunkvolle barocke Metropole auszubauen. Die dortigen Bauten und Kunstschätze sind zweifellos sein größtes Vermächtnis.

August II. ordensgeschmückt in Harnisch und Hermelinmantel (Gemälde Burg Stolpen)

Als barockes Gesamtkunstwerk konzipierte August der Starke das Historische Grüne Gewölbe in Dresden mit über 3000 Kunstwerken (unten das Weißsilberzimmer). Die Porträts des absolutistischen Potentaten zeigen ihn oft zu Pferd wie hier beim Reiterstandbild in Dresden am Neustädter Markt oder auf dem Gemälde von Louis de Silvestre (oben links und rechts).

DRESDNER ELBTAL
FRAUENKIRCHE

Dresdens Stadtsilhouette ist wieder komplett: Seit 2005 dominiert der nach seiner Zerstörung im Zweiten Weltkrieg wiederaufgebaute barocke Kuppelbau der Frauenkirche, die bedeutendste protestantische Kirche Deutschlands, die Stadtansicht (großes Bild). Einen reizvollen historischen Bezugspunkt bietet die Vedute von Bernardo Bellotto von 1748 (rechts, mit Hofkirche).

Die Dimensionen der gewaltigen Kuppel der Frauenkirche – mit 24 Meter Höhe und 26 Meter Durchmesser ist sie die größte nördlich der Alpen – offenbaren sich im Vergleich mit der Kuppel der Kunstakademie (unten). Aufgrund ihrer Form wird die Kuppel des nach Plänen George Bährs 1722 bis 1734 errichteten Zentralbaus auch »Steinerne Glocke« genannt.

DRESDNER ELBTAL
GRÜNES GEWÖLBE, ZWINGER

Einer der glanzvollsten Barockbauten des nach Plänen von Matthäus Daniel Pöppelmann 1710 bis 1733 errichteten Dresdner Zwingers ist der Wallpavillon (großes Bild). Zum großartigen Gesamteindruck trägt neben den geschwungenen Fassaden vor allem der reiche figurale Schmuck von Balthasar Permoser bei, wie etwa diese aus einem Block geschnitzten Hermenpilaster an den Pfeilern (unten).

Das Silbervergoldete (links, rechts) und das Weißsilberzimmer (Mitte) im Historischen Grünen Gewölbe präsentieren vor farbigen Wandvertäfelungen und Spiegeln wertvolles Silber- und Goldgeschirr.

DRESDNER ELBTAL
HOFKIRCHE, SEMPEROPER

Die 1739 bis 1754 erbaute Hofkirche (unten) neben dem Residenzschloss mit dem markanten Hausmannsturm ist einer der bedeutendsten Bauten im Stil des römischen Barock. Die Errichtung eines katholischen Gotteshauses im ansonsten protestantischen Dresden wurde notwendig, damit August der Starke die polnische Königskrone erringen konnte. Ganz im Vordergrund das König-Johann-Denkmal.

Nach Plänen Gottfried Sempers wurde 1871 bis 1878 das Königliche Hoftheater im Stil der Neorenaissance mit barocken Elementen errichtet (großes Bild). Schon von außen sind an dem eleganten Arkadenbau – heute kurz Semperoper genannt – klar die Funktionsbereiche Foyer, seitliche Treppenhäuser, Zuschauerraum und Bühnenturm auszumachen.

DRESDNER ELBTAL
SCHLOSS PILLNITZ

August der Starke ließ ab 1720 das zu Füßen von Weinbergen an der Elbe gelegene Schloss Pillnitz zu einer barocken Schlossanlage umbauen. Unter dem Einfluss der Asienmode entstand damals einer der bedeutendsten Chinoiseriebauten der Welt mit vielen orientalischen Zierelementen. Der zentrale Bau ist das Wasserpalais mit der markanten Doppeltreppe direkt zum Uferweg (großes Bild und rechts).

»Blaues Wunder« wird die 1893 vollendete Hängebrücke bei Loschwitz im Südosten von Dresden ob ihres Anstrichs genannt (unten links). Sie war eine der ersten Metallbrücken ohne Pfeiler im Flussbett. Ebenso zum Welterbe zählt das nach Plänen Adolf Lohses errichtete Elbschloss Albrechtsberg, einer der raren spätklassizistischen Bauten Dresdens (unten rechts).

MUSKAUER PARK

Ein länderübergreifendes Welterbe und ein Vorzeigeprojekt für die deutsch-polnische Zusammenarbeit im Kulturbereich ist der Landschaftspark von Bad Muskau. Hermann Fürst von Pückler-Muskau schuf hier 1815 bis 1844 ein über 700 Hektar großes Gartenreich, in dem er »Landschaftsmalerei« mit echten Pflanzen betrieb.

Jahr der Ernennung: 2004

Hermann Fürst von Pückler-Muskau kennen wir heute höchstens noch vom Fürst-Pückler-Eis. Er selbst hatte damit aber nichts zu tun. Ein Konditormeister namens Schulz benannte seine Kreation aus Erdbeer, Schokolade und Makronen nach dem Fürsten. Dieser war eine der skurrilsten Figuren des 19. Jahrhunderts: Dandy und Frauenheld, Abenteurer und Schriftsteller, vor allem aber ein Landschaftsgärtner. Seine ironisch-zynischen Reiseberichte waren in der ersten Hälfte des 19. Jahrhunderts Bestseller.
Allerdings hielt Pückler selbst nicht viel von seinen Büchern. Ein einziges lag ihm am Herzen – die »Andeutungen über die Landschaftsmalerei«. Darin beschrieb er Planung und Anlage seines Parks in Muskau. Die Anre-

gung zu einem Park im englischen Stil erhielt Pückler in England, wo er sich 1815 ein Jahr lang aufhielt.
Der Fürst-Pückler-Park liegt heute zu einem Drittel in Deutschland und zu zwei Dritteln in Polen dies- und jenseits des Grenzflusses Neiße. Über eine Brücke kann man zwischen den Parkteilen und Ländern wechseln. Auf deutscher Seite besteht die Anlage aus Schloss-, Bade- und Bergpark, auf polnischer aus Unterpark, Aboretum und Braunsdorfer Feldern. Zum Park zählen ferner mit der Landschaft harmonierende Bauten wie das Alte und das Neue Schloss, eine von Semper erbaute Orangerie, ein Tropenhaus und eine Kirchenruine. Der Park ist ein Vorbild für die spätere Landschaftsarchitektur in Europa und Amerika.

Der Fürst-Pückler-Park in Muskau an der Neiße ist ein idyllisches Gartenreich aus Gehölzen, Wiesen und Blumenbeeten. Von der »Tränenwiese« fällt der Blick auf das Neue Schloss (großes Bild), dessen Konturen auch den Hintergrund des Kupferstichs von 1854 bestimmen (links).

ZECHE ZOLLVEREIN IN ESSEN

Bergbau und Schwerindustrie sind heute im Ruhrgebiet weitgehend Geschichte. Zurück bleiben die Kathedralen der Industriekultur – gigantische Fördertürme, Maschinenhallen, Hochöfen. Eines der imposantesten Monumente ist die ehemalige Essener Zeche Zollverein.

Jahr der Ernennung: 2001

Zollverein Schacht XII wird von vielen als »die schönste Zeche der Welt« bezeichnet. Die seinerzeit größte und modernste Steinkohleförderanlage der Welt wurde von Fritz Schupp und Martin Kremmer in Anlehnung an den Bauhausstil entworfen. Die beiden Architekten ordneten den Industriekomplex in zwei Achsen an und gestalteten ihn harmonisch durch, streng nach den Prinzipien der Symmetrie und der Geometrie.

1986 wurde die Zeche Zollverein stillgelegt, nach dem Niedergang der Stahlindustrie folgte 1993 auch die Schließung der angebundenen Kokerei. Der gesamte Industriekomplex steht heute unter Denkmalschutz und wird für Ausstellungen und Konzerte genutzt. Für die Erhaltung des Indus-

triedenkmals wurde 1998 die Stiftung Zollverein gegründet.
Zeche und Kokerei im Originalzustand sind ein lebendiger Besichtigungsort zur Geschichte des Bergbaus und zur Industriearchitektur. Entlang des Museumspfads im Zollverein kann man die Entwicklung der Schwerindustrie abschreiten. Der Museumspfad führt durch die Gebäude der ehemaligen

Sieberei und der Kohlenwäsche, vorbei an Maschinen und Förderbändern, die den einst schweren Arbeitsalltag in Lärm und Staub anschaulich werden lassen. Der Komplex beherbergt ferner das Ruhrmuseum (ab 2008), in dem die Geschichte des Ruhrgebiets präsentiert wird, sowie im von Sir Norman Foster umgestalteten ehemaligen Kesselhaus das »red dot design museum«, das zeitgenössischem Design gewidmet ist.

Fast surreal muten die gigantischen Bandbrücken der Kokerei Zollverein an (unten links). Weithin sichtbares Wahrzeichen der Zeche Zollverein (links eine Gesamtansicht bei Nacht) ist der gewaltige Doppelbock-Förderturm von Schacht XII (unten rechts).

KÖLNER DOM

Der Dom St. Peter und Maria in Köln wurde trotz der rund 600 Jahre währenden Bauzeit weitgehend stilrein in der Formensprache der Hochgotik errichtet. Erst 1880 wurde die drittgrößte Kathedrale der Welt mit den beiden 157 Meter hoch aufragenden Türmen vollendet.

Jahr der Ernennung: 1996

Der Kölner Dom, 145 Meter lang, 45 Meter breit und im Hauptschiff 43 Meter hoch, gehört zu den größten Kirchen der Christenheit. Das Gotteshaus wurde nach dem Vorbild französischer Kathedralen entworfen, Umgänge und Raummaße jedoch auf die große Zahl der Pilger ausgerichtet, die die Reliquien der Heiligen Drei Könige aufsuchten. Die Pläne für die monumentale Westfassade stammen von 1310. Bis 1559 entstanden Chor, Querschiff, Langhaus und der Stumpf des Südturms. Seine heutige Gestalt erhielt der Dom 1842 bis 1880.
Der Innenraum der fünfschiffigen Basilika mit Umgangschor und Kapellenkranz misst über 6000 Quadratmeter; 56 Pfeiler tragen das Dach. Mit dem Dreikönigsschrein von Nikolaus von

Verdun beherbergt der Kölner Dom ein Meisterwerk der rheinischen Goldschmiedekunst. Der Chorumgang birgt das berühmte Dombild von Stephan Lochner (1440) und das romanische Gerokreuz aus dem 10. Jahrhundert. Das große Chorgestühl mit 104 Sitzen stammt aus dem 13. Jahrhundert. Zudem besitzt der Dom eine der reichsten Schatzkammern Deutschland.

Mit 157 Meter Höhe dominieren die Doppeltürme des unweit vom linken Rheinufer gelegenen Kölner Doms die Silhouette der Altstadt (großes Bild; links davon die romanische Kirche Groß St. Martin). Das Chorpolygon (links) wurde bereits um 1300 vollendet und ist damit eines der ältesten Bauteile des Doms.

AUGUSTUSBURG UND FALKENLUST IN BRÜHL

Das kurfürstliche Schloss Augustusburg und das Jagdschloss Falkenlust zählen zu den wichtigsten Bauwerken des Spätbarock und Rokoko im Rheinland. An der Ausgestaltung der repräsentativen Bauten waren namhafte Künstler aus Österreich, Bayern, Italien und Frankreich – darunter etwa Balthasar Neumann – beteiligt.

Jahr der Ernennung: 1984

Schloss Augustusburg, zwischen Bonn und Köln gelegen, wurde ab 1725 als Residenz für Kurfürst Clemens August errichtet. Johann Conrad Schlaun, François de Cuvilliés und Dominique Girard schufen hier ein Gesamtkunstwerk, das den Stilwandel vom Barock zum Rokoko dokumentiert. Die Ausstattung der prunkvollen Repräsentationsräume ist von erlesenster Qualität. Das Gartenareal, zu dem hin sich alle Räume öffnen, verleiht der Residenz den Charakter eines Lustschlosses. Das ab 1729 nach Plänen von Cuvilliés und Leveilly erbaute Schloss Falkenlust diente der Falkenjagd, die der Kurfürst leidenschaftlich betrieb. Die Räumlichkeiten haben eher privaten Charakter, sind jedoch nicht weniger prächtig ausgeführt.

Erst im harmonischen Zusammenspiel mit dem Barockgarten entfaltet Schloss Augustusburg seine ganze Anmut und Schönheit (großes Bild). Eindrucksvolle Beispiele für die Innenraumgestaltung der Rokokozeit sind das Treppenhaus von Balthasar Neumann im Schloss Augustusburg sowie das Speisezimmer im Schloss Falkenlust (links).

AACHENER DOM

Der Aachener Dom ist nicht nur ein bedeutendes Denkmal karolingischer Baukunst, sondern auch ein Symbolort deutscher Geschichte par excellence. Von 936 bis 1531, von Otto I. bis Ferdinand I., ließen sich hier 31 deutsche Könige krönen. Den Grundstein für den Dom legte Kaiser Karl der Große mit dem Bau der Pfalzkapelle.

Jahr der Ernennung: 1978

Die um das Jahr 800 geweihte Pfalzkapelle wurde nach Plänen von Odo von Metz auf oktogonalem Grundriss erbaut. Unter der später mit Mosaiken versehenen Kuppel zieht sich ein zweigeschossiger Umgang um den Innenraum. Die Ausgestaltung des Doms orientierte sich an römischen ebenso wie an byzantinischen Vorbildern und ist Ausdruck des umfassenden Machtanspruchs Kaiser Karls des Großen.
In den folgenden Jahrhunderten wurden mehrere An- und Umbauten nötig, um Platz für die aufwendigen Krönungszeremonien, aber auch für die Pilger zu schaffen, die zum Grab Karls des Großen drängten. Besonders beeindruckend sind die Monumentalfenster des im 15. Jahrhunderts einge-

weihten gotischen Hallenchors, durch den der Zentralbau der Kapelle nach Osten hin aufgebrochen wurde. In der Mitte des Chorraums steht der von 1200 bis 1215 entstandene kostbare Karlsschrein. Die Kapelle selbst hat 1200 Jahre lang ihr Gesicht im Wesentlichen bewahren können. Der Aachener Domschatz birgt das wertvollste Reliquiar nördlich der Alpen.

Der Aachener Dom wirkt von außen eher unauffällig (ganz links). Umso eindrucksvoller ist seine Innenausstattung, etwa die farbigen Glasfenster im Hochchor (links) oder der byzantinisch beeinflusste achteckige Mittelbau (unten). Auf dem Kaiserthron auf der westlichen Empore über dem Oktogon wurden seit 936 die deutschen Könige gekrönt (großes Bild).

Herrscher des Abendlandes

Karl I. wurde schon zu seinen Lebzeiten (um 742/748–814) »der Große« genannt. Sein Lebenswerk bestimmte auf Jahrhunderte hinaus in wesentlichen Zügen die politische Entwicklung in dem Gebiet, das später einmal als Deutschland bezeichnet werden sollte.

Karl hielt im Norden die Sachsen, im Südosten die Bayern und in Norditalien die Langobarden in Schach und integrierte sie in das Reich. Indem Papst Leo III. den Frankenkönig zum römischen und zugleich deutschen Kaiser machte, erhob er die Einheit von Kirche und Reich zur herrschenden Doktrin. Karls weitreichendste Leistung aber war die Konsolidierung des Reiches nach innen durch eine Fülle von Reformen. Er schuf mit den Mark-, Land- und Pfalzgrafen ein System ihm untergebener Regio-

Bildnis Karls des Großen von Albrecht Dürer

nalherren, die genau definierte Rechte und Pflichten hatten, ordnete die gesamte Verwaltung und »erfand« dabei das Beamtentum, erneuerte zudem das Justizwesen und die Rechtsprechung. Es war ein Aufbruch, der sich auch in der Kultur bemerkbar machte, weshalb diese Zeit auch als karolingische Renaissance bezeichnet wird. Karl starb 814 in Aachen und liegt in der Pfalzkapelle des Doms begraben.

Darstellungen und Reliquien Karls des Großen sind ein Schwerpunkt des Aachener Domschatzes: Karlsbüste (1349), Armreliquiar mit Elle und Speiche Karls (unten links und rechts) und Karlsschrein (1215) mit den sterblichen Überresten Karls (unten Mitte und links).

OBERES MITTELRHEINTAL

Als »Kulturlandschaft von großer Vielfalt und Schönheit« präsentiert sich das Obere Mittelrheintal. Zum Gesamteindruck trägt nicht nur die malerische Flusslandschaft bei, sondern auch ein außerordentlicher Reichtum kulturhistorischer Zeugnisse aus vielen Jahrhunderten.

Jahr der Ernennung: 2002

Das Obere Mittelrheintal ist im Süden begrenzt durch das linksrheinische Bingen und das rechtsrheinische Rüdesheim, im Norden durch Koblenz. In diesem 65 Kilometer langen Abschnitt des malerischen Durchbruchstals des Rheins – aufgrund des günstigen Klimas schon von alters her Weinbaugebiet – haben sich erstklassige Baudenkmäler in einer Fülle und Dichte erhalten, wie sie sonst kaum in einer anderen deutschen Kulturlandschaft anzutreffen ist.

Seit zwei Jahrtausenden ist das Rheintal einer der wichtigsten Verkehrswege für den kulturellen Austausch zwischen der Mittelmeerregion und dem Norden Europas. Mit seinen rebenbewachsenen Talhängen, den auf schmalen Uferleisten gedrängten Dör-

fern und Städtchen sowie einer Vielzahl von Höhenburgen gilt das Tal als Inbegriff der romantischen Rheinlandschaft, die vor allem im 19. Jahrhundert Literaten, Maler und Musiker inspiriert hat. Höhepunkte sind das an der Mündung der Nahe und oberhalb des Binger Lochs gelegene Bingen mit dem Mäuseturm (13. Jahrhundert), die gut erhaltenen historischen Stadtbilder der alten Weinbauorte Rüdesheim und Bacharach, der mächtige Loreleyfelsen, die ehemalige Reichsstadt Boppard mit dem besterhaltenen Römerkastell Deutschlands, das an der Moselmündung gelegene Koblenz sowie die Burgen Rheinstein, Reichenstein, Marksburg, Rheinfels, Katz und die auf einer Rheininsel bei Kaub erbaute Burg Pfalzgrafenstein.

Burgen, Pfalzen und romantische Städtchen bestimmen das Bild des Oberen Mittelrheintals. Im Bild der Mäuseturm von Bingen und die Burg Pfalzgrafenstein bei Kaub (unten und links) sowie die Rheinschleife bei Boppard, Burg Rheinfels bei St. Goar, Burgstahleck und das Weinstädtchen Bacharach (links, von oben).

TRIER

In der ältesten Stadt Deutschlands, vom römischen Kaiser Augustus gegründet, finden sich einige der besterhaltenen antiken Bauwerke nördlich der Alpen. Das antike Trier war mit 80 000 Einwohnern eine der größten Städte des Römischen Reichs. Zum Weltkulturerbe zählen ferner der Dom und die benachbarte Liebfrauenkirche.

Jahr der Ernennung: 1986

Die Porta Nigra, ein monumentales Stadttor mit zwei halbkreisförmig hervortretenden Türmen, das auf das 2. Jahrhundert zurückgeht, ist das Wahrzeichen von Trier. Von Augusta Treverorum, dem antiken Trier, einst Hauptstadt der römischen Provinz Belgica prima, sind außerdem noch die Kaiser- und Barbarathermen sowie Reste des 20 000 Menschen fassenden Amphitheaters erhalten. In der Aula Palatina, einst Teil des kaiserlichen Palastes, residierte 306 bis 312 Kaiser Konstantin der Große.
Der romanische Dom St. Peter östlich des Marktes stammt in seinen ältesten Teilen aus dem 4. Jahrhundert, er ist damit eine der ältesten Kirchen Deutschlands. In seinem reichen Domschatz birgt er einige bedeutende Werke ottonischer Kunst. Die benachbarte, um 1270 vollendete Liebfrauenbasilika gilt als ein Juwel frühgotischer Architektur.

Zeugnisse römischer und romanischer Baukunst sind die Porta Nigra, das antike Stadttor von Trier (oben), sowie der Dom St. Peter, dessen älteste Bestandteile um das Jahr 340 auf den Resten eines römischen Wohnhauses errichtet wurden.

DOM VON SPEYER

Der unter Kaiser Konrad II. errichtete Dom von Speyer war zur Zeit seiner Erbauung das größte Gotteshaus des christlichen Abendlandes. Als Begräbnisstätte vieler salischer, staufischer und habsburgischer Herrscher kommt der romanischen Basilika auch hohe symbolische Bedeutung zu.

Jahr der Ernennung: 1981

Die Geschichte der alten Kaiserstadt geht auf eine römische Gründung des 1. Jahrhunderts zurück. Speyer wurde im 6. oder 7. Jahrhundert Bischofssitz. Anfang des 11. Jahrhunderts ließ Kaiser Konrad II. den Speyerer Dom als Grablege der Salier errichten. Der heute sechstürmige Dom St. Maria und St. Stephan wurde 1061 im Todesjahr von Konrads Enkel Heinrich IV. geweiht. Dieser hatte das Gotteshaus bis dahin erheblich erweitern lassen, um gegenüber dem Papst seinen politischen Machtanspruch zu demonstrieren – ein Konflikt, der dann in den Investiturstreit münden sollte. Die 1039 fertiggestellte Krypta zählt zu den größten und schönsten unterirdischen Kirchen der Welt. Von hier aus hat man auch Zugang zu 16 Herrschergräbern, darunter die Grabstätten von vier salischen Kaisern.
Während des Pfälzischen Erbfolgekrieges kam es 1689 zu schweren Zerstörungen. So sind in der Krypta nur noch die Reste der von den Franzosen geplünderten Grabstätten zu sehen. Napoleon rettete die Kirche vor dem vollständigen Abriss. Erst 1772 begann der Wiederaufbau der Kathedrale. Doch erst die Renovierungen nach dem Zweiten Weltkrieg gaben dem Dom seine strenge Würde zurück, die hinter den romantisch-verklärten Bauteilen des 19. Jahrhunderts zunehmend verloren gegangen war.

Der Kaiserdom von Speyer beeindruckt durch seine strengen romanischen Formen (oben). Die Krypta des Doms (unten) präsentiert sich als Säulenhalle mit Kreuzgratgewölben aus gelben und roten Sandsteinquadern.

Die Völklinger Hütte ist ein eindrucksvolles Denkmal des Industriezeitalters, das für die untergegangene Ära der Stahl- und Eisenproduktion im Saarland steht. 1881 von dem Industriellen Röchling gegründet, setzte sie gut ein Jahrhundert lang technische Maßstäbe bei der Eisenverhüttung, bevor sie 1986 stillgelegt wurde.

Jahr der Ernennung: 1994

Kernstück dieser Kathedrale des Industriezeitalters, die weltweit die einzige noch vollständig und weitgehend originalgetreu erhaltene Eisenhütte ist, sind die zwischen 1882 und 1916 errichteten Hochöfen, von denen jeder täglich bis zu 1000 Tonnen Roheisen erzeugen konnte. Das Erz und die Kohle wurden auf ausgedehnten Gleisanlagen transportiert, die das über sieben Hektar große Areal durchziehen. Die 1897 errichtete Kokerei lieferte den Koks zum Betreiben der Hochöfen. Beeindruckend sind die gewaltigen Gebläsemaschinen, mit denen auf über 1000 Grad Celsius erhitzte Pressluft in die Hochöfen gejagt wurde. Sehenswert sind auch die Handwerkergasse und der Völklinger Hüttenbahnhof von 1893.

Die Völklinger Hütte war im 19. und 20. Jahrhundert eines der technisch innovativsten deutschen Hüttenwerke. Die kompakte Hochofengruppe mit ihren sechs Hochöfen (links) und die weltweit einzigartigen Schrägaufzüge zum Transport von Eisenerz und Koks bilden seit mehr als 100 Jahren eine imposante Silhouette im Saartal. In der Gebläsehalle erzeugten einst Gebläsemaschinen mit riesigen Schwungrädern (unten) große Mengen Wind für die Hochöfen. Damit konnte die Temperatur in den Hochöfen auf bis zu 2000 Grad gesteigert werden.

Die Torhalle der ehemaligen Benediktinerabtei von Lorsch ist das einzige vollständig erhaltene Baudenkmal aus karolingischer Zeit. Unweit des in das 9. Jahrhundert zu datierenden Baus wurden in Altenmünster Reste der ursprünglichen Klosteranlage ausgegraben.

Jahr der Ernennung: 1991

Die prachtvolle Königshalle in dem kleinen Ort zwischen Darmstadt und Worms ist zusammen mit den Ruinen einer 70 Meter langen romanischen Basilika und weiteren Ruinen das Relikt einer der größten Abteien des Frankenreichs. Unter der Herrschaft Pippins des Kurzen (751–768) von Gaugraf Cancor und seiner Mutter Williswinda gegründet, war das Kloster ab Ende des 9. Jahrhunderts die Begräbnisstätte der Könige des ostkarolingischen Reiches. 1090 durch Feuer zerstört und im 12. Jahrhundert wiederaufgebaut, entwickelte sich die Abtei bis zum 13. Jahrhundert zu einem der reichsten Klosterzentren des Spätmittelalters.
Mit der Übernahme durch das Erzbistum Mainz verlor die Abtei den größ-

ten Teil ihrer Privilegien. 1557 kam mit der Reformation das Ende der Abtei, ihre Gebäude wurden 1621 bis auf die heutigen Überreste abgetragen.
Im nahen Altenmünster finden sich die Reste des Urklosters, das erstmals 764 erwähnt wird, drei Jahre später jedoch nach Lorsch verlegt wurde. Im 11. Jahrhundert wurde hier eine Propstei eingerichtet.

Die Königshalle von Lorsch (großes Bild) wurde im Lauf eines Jahrtausends mehrfach umgebaut, der bunte Fassadenschmuck blieb jedoch fast unverändert erhalten (unten rechts). Freskengeschmückt zeigen sich die Innenwände (links). Im Lapidarium der Kirchenruine steht der Sarkophag eines ostfränkischen Karolingers (ganz links).

GRUBE MESSEL

Die Grube Messel, das erste deutsche Naturdenkmal der UNESCO, gilt als eine der bedeutendsten Fossilienfundstätten der Erde. Im Explosionstrichter eines Maars wurden aufgrund von Sauerstoffabschluss und Sedimentation rund 50 Millionen Jahre alte Fossilien konserviert.

Jahr der Ernennung: 1995

Die 65 Hektar umfassende Grube bei Darmstadt lief einige Jahre lang Gefahr, eine Mülldeponie zu werden, wurde aber dann in letzter Minute unter Schutz gestellt. Die Ölschieferschichten enthalten eine große Zahl gut konservierter Fossilien, die fast lückenlos Auskunft geben über die klimatischen, biologischen und geologischen Verhältnisse in unseren Breiten in der erdgeschichtlichen Epoche des Eozäns, also vor 60 bis 36 Millionen Jahren, als sich die Tier- und Pflanzenwelt nach dem Aussterben der Dinosaurier zu verändern und sich allmählich die uns heute bekannte Flora und Fauna herauszubilden begann. Damit liefert die Fossillagerstätte einzigartige Hinweise auf die frühe Evolution der Säugetiere.

Zu den spektakulärsten Funden gehören die Überreste von über 70 Urpferden, darunter mehr als 30 vollständige Skelette. Von anderen Wirbeltieren blieben Skelette mit Weichteilkonturen und Mageninhalten erhalten. Die Funde lassen auch Rückschlüsse auf Phänomene wie Kontinentaldrift, Landbrücken, Sedimentation und Ausdehnung der Biosphäre zu.

Wie in einem steinernen Bilderbuch treten die bis zu 50 Millionen Jahre alten Fossilien urzeitlicher Insekten, Reptilien, Vögel und Säugetiere in den Ölschieferplatten von Messel zutage. Das Spektrum reicht von der Radnetzspinne (großes Bild) über Urpferd, Palaeopython und Vogel (Bildleiste unten, von links) bis zum Frosch und Nagetier (Bildleiste links).

KLOSTERANLAGE MAULBRONN

Obwohl bereits um 1530 säkularisiert, ist die Zisterzienserabtei Maulbronn die am vollständigsten erhaltene mittelalterliche Klosteranlage nördlich der Alpen. Der Sage nach soll hier ein Maultier an einer Quelle seinen Durst gelöscht haben. Die Mönche sahen dies als Zeichen des Himmels und gründeten an dieser Stelle das Kloster.

Jahr der Ernennung: 1993

Zwölf Mönche aus dem Elsass begannen einst in der Abgeschiedenheit des Salzachtals in der Nähe von Karlsruhe mit dem Bau eines Klosters nach dem Vorbild von Zisterzienserabteien in Burgund. Fast 400 Jahre lang lebten und wirkten dort Mitglieder des Ordens und schufen eine der schönsten Klosteranlagen Deutschlands. Die Besinnung auf die ursprünglichen monastischen Ideale führte zu neuen architektonischen Lösungen, die jeden Prunk vermieden.
In den Gebäuden vereinen sich romanische und gotische Baustile. So wurde die 1178 geweihte dreischiffige Pfeilerbasilika im 15. Jahrhundert durch spätgotische Einwölbungen erweitert. Der sich anschließende Kreuzgang, dessen südlicher Teil aus dem 13. Jahrhundert stammt, besitzt eine Brunnenkapelle aus dem 14. Jahrhundert mit einem interessanten Gewölbefresko. Die Klostervorhalle, »Paradies« genannt, wurde 1220 vollendet und steht am Übergang von der Romanik zur Gotik. Das Herrenrefektorium, der Speisesaal der Priestermönche, ist ein Bau von besonderer Klarheit und Schönheit. Der zweischiffige Saal beeindruckt durch das ausgewogene, rhythmische Zusammenspiel von Pfeilern, Deckengewölbe und Rundbogenfenstern. In ihrer Geschlossenheit gewährt die Anlage insbesondere durch die gut erhaltenen Wirtschafts- und Wohngebäude einen detaillierten Einblick in das asketische Klosterleben der Zisterzienser.

Romanische und gotische Stilelemente sowie Fachwerkbauten bestimmen das Erscheinungsbild von Kloster Maulbronn: Chorgestühl im Mittelschiff der Klosterkirche (großes Bild), achteckiges Brunnenhaus (unten) und ehemalige Klosterverwaltung im Klosterhof (oben).

KLOSTERINSEL REICHENAU

Mit ihren drei gut erhaltenen Klosteranlagen ist die Insel Reichenau im Bodensee ein einzigartiges Zentrum monastischer Kultur aus dem frühen Mittelalter. Die Schlichtheit der romanischen Bauten wirkt in der bisweilen melancholisch anmutenden Landschaft besonders ergreifend.

Jahr der Ernennung: 2000

Die Gründung der ersten Abtei auf der Reichenau geht auf den Wanderbischof und Abt Pirmin zurück. Er richtete hier um 724 ein benediktinisches Kloster ein, das sich zu einem geistigen Zentrum des Abendlandes entwickelte. Die Reste dieser alten Anlage verweisen auf eine einfache Saalkirche mit nördlich angrenzenden Konventsgebäuden.
In der karolingischen Zeit beginnt die wechselvolle Baugeschichte des Mittelzeller Marienmünsters, das 816 unter Abt Heito erstmals geweiht und bis zum 11. Jahrhundert fortwährend umgebaut wurde. In seiner heutigen Gestalt handelt es sich um eine strenge Pfeilerbasilika mit doppelten Querhäusern und einem imposanten Westbau aus dem 11. Jahrhundert.
Die spätkarolingische Abteikirche St. Georg in Oberzell ist eine schlichte Säulenbasilika mit kostbaren ottonischen Wandmalereien aus dem 10. Jahrhundert. Auf beiden Langhauswänden sind oberhalb der Arkaden in jeweils vier großformatigen Szenen die Wundertaten Christi dargestellt. Dieser auf antiken und karolingischen Vorlagen basierende Zyklus ist ein einzigartiges Dokument frühmittelalterlicher Kunst in Europa.
Die 1080 bis 1134 errichtete Abteikirche St. Peter und Paul in Niederzell ist eine querschifflose Säulenbasilika mit einer interessanten, aus drei Apsiden bestehenden Chorlösung. Die mittlere Hauptapsis ziert ein monumentales Freskenprogramm aus dem 12. Jahrhundert mit dem thronenden Christus als zentralem Motiv der Apsiswölbung.

Mit freskengeschmückten Wänden (großes Bild) präsentiert sich die von einem massigen Vierungsturm dominierte Basilika St. Georg in Oberzell (oben).

GRENZEN DES RÖMISCHEN REICHS

Die grenzüberschreitende Welterbestätte »Grenzen des Römischen Reichs« wird gebildet vom obergermanisch-rätischen Limes sowie dem Hadrianswall in Nordengland und dem Antoninuswall in den schottischen Lowlands. Mit rund 550 Kilometer Länge ist der Limes das größte archäologische Kulturdenkmal Europas.

Jahr der Ernennung: 1987; Erweiterung: 2005, 2008

Auf dem Höhepunkt ihrer Machtentfaltung versuchten die Römer die Grenzen ihres Imperiums durch großdimensionierte Befestigungsanlagen abzusichern. Auf der britischen Hauptinsel waren dies der Hadrians- und der Antoninuswall, in Germanien der Limes. Die tieferliegende Ursache hierfür war in Germanien die Niederlage der Römer gegen die Cherusker im Jahr 9 n. Chr. in der Varus-Schlacht bei Kalkriese. Rom fürchtete nun, dass die Germanen weiter nach Westen vordringen und ihre Gebiete an Rhein, Mosel und Donau gefährden könnten. Daher begannen die Römer im 1. Jahrhundert mit dem Bau einer Grenzbefestigung, die vom Rhein (nahe dem heutigen Neuwied) über Bad Ems, Saalburg, Seligenstadt, Miltenberg,

Lorch, Aalen, Weißenburg bis an die Donau (heutiges Neustadt in Bayern) reichte. Für den obergermanisch-rätischen Limes wurden Waldschneisen gerodet, Gräben ausgehoben, Palisadenzäune und bis zu drei Meter hohe Mauern, 120 Kastelle und 900 Wachtürme errichtet. Das Welterbe umfasst diese Grenzlinie und die unmittelbar dort befindlichen Militäreinrichtungen

inklusive der unmittelbar angeschlossenen zivilen Einrichtungen.

Der Limes war jedoch mehr als ein Wall gegen Eroberer. Im Schutz seiner Kastelle und Legionslager entstanden zivile Siedlungen – die Vorgänger heutiger Städte. Hier mischte sich römische Kultur mit keltisch-germanischer. Bis 260 hielt die Grenze, dann fiel sie unter dem Ansturm der Alemannen.

Der Limes wurde 2005 als Erweiterung des Hadrianswalls (1987) Welterbe.

Hunderte von Türmen bewachten einst den obergermanisch-rätischen Limes. Mauerreste sowie – nicht immer originalgetreue – Rekonstruktionen von Türmen (großes Bild und unten rechts) und Meilensteinen (links) zeugen noch heute vom Verlauf des Grenzwalls.

ALTSTADT VON BAMBERG

Die alte Bischofs- und Kaiserstadt, einst auf sieben Hügeln erbaut, weist den größten vollkommen erhaltenen Altstadtkern Deutschlands auf. In einer Konzentration wie sonst kaum anderswo finden sich hier zwischen den Flussläufen der Regnitz historische Gebäude aus nahezu allen Stilepochen von Mittelalter und Neuzeit.

Jahr der Ernennung: 1993

Erstmals 902 urkundlich erwähnt, wurde Bamberg 1007 unter Kaiser Heinrich II. Bischofssitz. Die zu dieser Zeit über der alten Burg erbaute Bischofskirche wurde im 13. Jahrhundert durch einen viertürmigen Dom ersetzt, der zu den schönsten Bauten des Mittelalters zählt. Unter den vielen Schätzen im Inneren sticht die von Tilman Riemenschneider gearbeitete Deckplatte am Grabmal Heinrichs II. und seiner Gemahlin hervor. Das Denkmal des Bamberger Reiters entstand um 1240. Im Westchor findet sich mit dem Marmorgrab Klemens' II. das einzige Papstgrab Deutschlands. Bischofssitz war die ebenfals auf dem Domhügel erbaute Alte Hofhaltung (1571–1576). Das Abteigebäude des 1009 gegründeten Benediktinerklos-

ters auf dem Michaelsberg wurde 1742 von Balthasar Neumann geschaffen. Die Bürgerstadt im Tal betritt man durch das zuletzt im 18. Jahrhundert umgebaute Alte Rathaus auf der Oberen Brücke über der Regnitz. Unter den mittelalterlichen Gebäuden der Altstadt beeindrucken die Fachwerkbauten der einstigen Fischersiedlung »Klein-Venedig«.

Ein turmreiches Panorama bietet Bamberg mit dem viertürmigen Dom, der Benediktinerabtei Michaelsberg im Hintergrund und dem Alten Rathaus rechts im Vordergrund (großes Bild). Der Bamberger Reiter im Inneren des Doms (links) wurde von unbekannten Meistern aus Frankreich geschaffen und stellt vermutlich König Stephan I. von Ungarn dar.

Die Würzburger Residenz ist ein überragendes Bauwerk der Barockarchitektur. Für Konzeption und Ausführung zeichnete Balthasar Neumann verantwortlich, und eine Reihe weiterer bedeutender Baumeister und Künstler waren an der Ausgestaltung beteiligt.

Jahr der Ernennung: 1981

Der Bau der Residenz wurde 1720 vom Fürstbischof Johann Philipp Franz von Schönborn initiiert. In der Gestaltung vereinen sich durch den Einfluss des Baumeisters Maximilian von Welsch und des Wiener Architekten Johann Lukas von Hildebrandt barocke Stilelemente aus ganz Europa, die von Balthasar Neumann meisterhaft in die mainfränkische Formensprache übertragen wurden. Das Herzstück ist der Kaisersaal. Dessen Fresken und das monumentale Deckengemälde im Treppenhaus wurden von Tiepolo angefertigt. Eine besondere Kostbarkeit ist der restaurierte Spiegelsaal. Vielleicht war es aber auch der Keller, den die Fürstbischöfe am meisten schätzten, denn dort lagerten bis zu 1,4 Millionen Liter Wein.

Die Würzburger Residenz ist ein Bau der Superlative. Putten und Stuckmarmor schmücken den von Balthasar Neumann gestalteten prachtvollen Innenraum der Hofkirche mit ihrer geschwungenen Empore (großes Bild). Ein rundes Wasserbassin mit einem Monolithen aus Tuffstein beherrscht den Südgarten (links), der einen Teil des Hofgartens bildet.

Baumeister des Barock

Als Kanonengießer und Militäringenieur ausgebildet, war Neumann als Architekt weitgehend Autodidakt, dabei jedoch immer lernbereit und offen für Neues – und ungemein begabt. In Würzburg, wohin er als 24-Jähriger ging, hatte er das Glück, in den Fürstbischöfen derer von Schönborn Mäzene zu finden, die sein Talent erkannten und ihn systematisch förderten. Schon sein Erstlingswerk, die ab 1721 an den Würzburger Dom als Grablege angebaute Schönborn-Kapelle, zeigte die Perfektion des Frühvollendeten. Auch klingen hier bereits die Leitideen an, die Neumann zeit seines Lebens immer wieder aufgriff: die Rotunde als Grundform; die Arkade, die den Raum nach mehreren Richtungen hin öffnet und, der Raumkurve folgend, im Grundriss ebenfalls gebogen ist; dazu als häufig wiederkehrendes Element Säulenpaare, die Arkaden und andere Raumelemente flankieren und betonen.

Balthasar Neumann (Porträt von M. F. Kleinert, 1727)

Zu den herausragenden Kirchenbauten, die Neumann schuf, gehören die Wallfahrtskirche in Vierzehnheiligen, die Wallfahrtskirche zur Heiligsten Dreifaltigkeit in Gößweinstein, die Kirche der Abtei Neresheim, die Wallfahrtskirche »Käppele« in Würzburg, die Peterskirche in Bruchsal und die Hofkirche der Würzburger Residenz. Auf andere Weise einzigartig ist das Treppenhaus der Residenz: Ohne Stützen spannt sich das flache Gewölbe über einen Raum von 600 Quadratmetern, eine riesige Fläche, die Tiepolo kongenial mit einem Fresko bemalte.

Die Würzburger Residenz ist das Hauptwerk Neumanns: Treppenhaus mit Deckenfresko von Tiepolo (großes Bild; Detail mit Porträt Neumanns, links), Grüner Salon, Spiegelkabinett, Hofkirche (links).

ALTSTADT VON REGENSBURG MIT STADTAMHOF

Regensburg mit seinen Bürger- und Handwerkerhäusern, Kirchen und Klöstern bietet ein authentisches Bild einer andernorts längst untergegangenen mittelalterlichen Stadtkultur.

Jahr der Ernennung: 2006

Regensburg erstand im Mittelalter aus den Ruinen eines Römerkastells, der Castra Regina. Herzog Arnulf von Bayern ließ zwischen 917 und 920 die gesamte westliche Vorstadt mit dem weitläufigen Areal der Abtei St. Emmeram ummauern. Beim Bau der ersten nachrömischen Stadtbefestigung nördlich der Alpen blieben die Handwerkerviertel zuerst ausgeschlossen, doch auch sie erhielten gegen Ende des 13. Jahrhunderts eine Stadtbefestigung. Die von 1135 bis 1146 errichtete Steinerne Brücke war lange Zeit der einzige gemauerte Donauübergang zwischen Ulm und Wien und sicherte Regensburg seinen Rang als bedeutendes Handelszentrum.
Die vielen erhaltenen romanischen und gotischen Patrizierburgen sowie große Bürgerhauskomplexe mit Geschlechtertürmen sind Beispiele für eine in dieser Dichte und in ihrem guten Zustand nördlich der Alpen einzigartige Architektur. Neben dem Bestand an frühen Steinbauten findet sich in Regensburg mit dem um 1250 datierten Wohnhaus Johannes Keplers auch das älteste vollständig erhaltene Holzhaus Deutschlands.

Die großen romanischen und gotischen Kirchenbauten und Klosteranlagen – das auf einem Heiligengrab errichtete Kloster St. Emmeram, die Alte Kapelle, Niedermünster, das von irischen Mönchen im Jahr 1090 gegründete Benediktinerkloster St. Jakob sowie der Dom als einziger von der französischen Kathedralgotik beeinflusster Kirchenbau Bayerns – sind herausragende künstlerische Leistungen ihrer Zeit. Die Bettelordenskirchen der Minoriten und Dominikaner gelten als frühe architektonische Beispiele der sich verändernden Glaubenshaltung im späten Mittelalter.
Regensburg war im Mittelalter ein wichtiges politisches Zentrum des Heiligen Römischen Reichs Deutscher Nation. 1542 trat die Freie Reichsstadt offiziell zum Protestantismus über und kämpfte im Dreißigjährigen Krieg als Garnisonsstadt gegen Bayern. Sie litt unter Plünderungen und wirtschaftlichem Niedergang, blieb jedoch von größeren Katastrophen weitgehend verschont. Das Welterbeareal entspricht der Ausdehnung Regensburgs nach der letzten mittelalterlichen Stadterweiterung um 1320.

Dom und Steinerne Brücke sind die Wahrzeichen von Regensburg (links). Die Steinerne Brücke war rund 800 Jahre lang die einzige Donaubrücke der Stadt und für die Handelsmetropole von strategischer Bedeutung. Der Dom wurde ab Ende des 13. Jahrhunderts im Stil der Hochgotik auf den Resten eines romanischen Vorgängerbaus errichtet (Bilder rechts: Blick auf die Westfassade).

WALLFAHRTSKIRCHE »DIE WIES«

Die Wallfahrtskirche zum Gegeißelten Heiland, rund 20 Kilometer nordöstlich von Füssen vor der Kulisse der Ammergauer Alpen bei Steingaden gelegen und besser bekannt als Wieskirche, ist ein bedeutendes Beispiel bayerischer Rokokoarchitektur und gilt als das Hauptwerk des Wessobrunner Baumeisters Dominikus Zimmermann.

Jahr der Ernennung: 1983

1730 stellten die Mönche des Prämonstratenserklosters Steingaden für die Karfreitagsprozession ein Christusbildnis her, das später auf einem Bauernhof beim zum Kloster gehörenden Weiler Wies in den Herrgottswinkel gestellt wurde. Als der Heiland an der Geißelsäule dann plötzlich Tränen vergoss, wurde dieses Wunder Anlass für eine Wallfahrt, und so erteilte der Abt des Klosters den Auftrag zum Bau der vielleicht schönsten Rokokokirche Deutschlands. Man übertrug den Bau dem Architekten Dominikus Zimmermann, der bereits die Wallfahrtskirche in Steinhausen gebaut hatte. Zimmermann standen bekannte Künstler seiner Zeit zur Seite, darunter auch sein Bruder Johann Baptist, der den Innenraum ausmalte.

Der ovale Laienraum und der sich anschließende Chor wirken vor allem durch die gelungene Verbindung von Architektur und Dekoration, die eine gewaltige Licht- und Raumwirkung entfaltet. Von außergewöhnlicher Schönheit sind die Deckenfresken, die mit den hervorragenden Stuckarbeiten den zweigeschossigen Hochaltar mit dem Gnadenbild rahmen.

Die Stuckaturen im Chorraum der Wieskirche wurden von Dominikus Zimmermann geschaffen (großes Bild). Er verwendete dabei fast ausschließlich das plastische Ornament der Rocaille. Charakteristisch ist auch der fast ungehinderte Lichteinfalll. Von Weitem sichtbar liegt die Wieskirche auf einer kleinen Anhöhe im Pfaffenwinkel nahe Füssen (oben).

KLOSTER ST. GALLEN

Mit der Ernennung zu einer Reichsabtei im 9. Jahrhundert begann die Blütezeit des Benediktinerklosters von St. Gallen. Damit war auch der Grundstein für die berühmte Stiftsbibliothek gelegt, und das Kloster wurde bald zu einem in ganz Europa bekannten Ort der Gelehrsamkeit.

Jahr der Ernennung: 1983

Die Bauten der 1805 aufgelösten Abtei St. Gallen stammen vorwiegend aus der dritten Blütezeit (nach dem »Goldenen« und dem »Silbernen« Zeitalter vom 9. zum 11. Jahrhundert), die das Kloster ab dem 17. Jahrhundert erlebte. Die Stiftskirche St. Gallus und St. Otmar, ein Barockbau mit zentraler Rotunde, wurde 1755 bis 1765 errichtet und besticht durch ihre prächtige Ostfassade. Sie wurde von namhaften Künstlern mit reicher Ausstattung versehen. Im Westtrakt des Klosters befindet sich die Stiftsbibliothek mit über 150 000 Büchern, darunter zahlreiche mittelalterliche Handschriften. Der zweigeschossige Rokoko-Bibliothekssaal mit Deckengemälde und Stuckaturen ist einer der schönsten Bibliotheksbauten der Welt.

Der Rokokosaal der Stiftsbibliothek von St. Gallen wurde 1758 von Peter Thumb, der auch die Klosterkirche erbaute, und Caspar Moosbrugger gestaltet. In den prunkvollen Räumen werden rund 2000 wertvolle mittelalterliche Handschriften aufbewahrt, so die Elfenbeintafeln und der Psalter von Notker Labeos, irisch-keltische Handschriften oder eine Abschrift des Nibelungenlieds (links unten). Barocke Stuckaturen und illusionistische Deckenmalereien sind ein Blickfang der Klosterkirche, deren Chorgestühl von Joseph Anton Feichtmayr stammt (unten). Das heutige Erscheinungsbild der Klosteranlage geht auf das 18. Jahrhundert zurück (links).

ALTSTADT VON BERN

Ein geschlossener mittelalterlicher Stadtkern mit kilometerlangen Laubengängen ist das Kennzeichen der an drei Seiten von der Aare umflossenen Hauptstadt der Schweiz.

Jahr der Ernennung: 1983

Am geschlossenen Bild der Berner Altstadt, einst der größte Stadtstaat nördlich der Alpen, lassen sich die einzelnen Erweiterungsschritte in ihrer chronologischen Abfolge gut erkennen. Kennzeichnend für das Zentrum sind die stattlichen Zunft- und Bürgerhäuser mit ihren insgesamt sechs Kilometer langen Laubengängen. Das spätgotische Münster St. Vinzenz wurde 1421 begonnen und erst 1573 vollendet; das prächtige Hauptportal stammt von Erhard Küng. Das Rathaus wurde von 1406 bis 1417 im spätgotischen Stil errichtet und 1942 erneuert. Die Heiliggeistkirche von 1729 gilt als der wichtigste protestantische Barockbau des Landes. Wahrzeichen der Stadt ist jedoch das ehemalige Stadttor Zytgloggeturm.

Unter der Vielzahl schöner historischer Wohngebäude sticht besonders das Ensemble in der Gerechtigkeitsgasse hervor, die Häuser stammen zum Teil noch aus dem 16. Jahrhundert. Sehenswert sind außerdem die Renaissancebrunnen Berns mit ihren Brunnenfiguren; drei von ihnen wurden von dem Freiburger Bildhauer Hans Gieng geschaffen.

Prächtige Stadttore und Laubengänge sind die Erkennungszeichen der Altstadt von Bern. Hier fällt der Blick entlang der Kramgasse und der Marktgasse auf Zytgloggeturm und Käfigturm (unten links und rechts). Ausdrucksstarke Figuren schmücken Samsonbrunnen, Kindlifresserbrunnen, Pfeiferbrunnen und Gerechtigkeitsbrunnen (oben, von links).

KLOSTER ST. JOHANN IN MÜSTAIR

Mitten im Hochgebirge findet sich in einem Benediktinerinnenkloster ein für die einsame Lage unerwarteter Schatz: der größte erhaltene Bilderzyklus aus der karolingischen Zeit.

Jahr der Ernennung: 1983

In 1240 Meter Höhe liegt im Münstertal das Kloster St. Johann Baptist, das von Karl dem Großen um 785 als Männerkonvent gegründet wurde und als eines der schönsten Beispiele karolingischer Baukunst gilt. Um zwei Innenhöfe herum gruppieren sich die meist aus dem Mittelalter stammenden Klostergebäude. Kernstück der Anlage ist die 1200 Jahre alte Stiftskirche St. Johann, die gegen Ende des 15. Jahrhunderts in eine spätgotische Hallenkirche umgebaut wurde.
Äußerlich eher unscheinbar, birgt sie im Inneren den Schatz, der sie in den Rang des Weltkulturerbes erhebt: 90 originale Fresken aus der Gründungszeit des Klosters. Sie ziehen sich in fünf Friesen um den Innenraum herum und illustrieren Szenen aus dem Leben König Davids und Jesu Christi; an der Westwand wird das Jüngste Gericht dargestellt. Die drei Apsiden und die Ostwand der Kirche wurden zwischen 1165 und 1180 – aus dieser Zeit stammt auch die Statue Karls des Großen – übermalt, wobei der unbekannte Meister das Programm der karolingischen Fresken – etwa mit dem Martyrium des hl. Stefan – übernahm.

Zwischen Haupt- und Südapsis der Klosterkirche von Müstair bewacht eine aus dem 12. Jahrhundert stammende Statue des Konventsstifters Karl der Große die einzigartigen Bilderzyklen aus der Zeit um 800, die uns einen lebendigen Eindruck der Kunst frühmittelalterlicher sakraler Bilddarstellung vermitteln (unten links). Das Fresko in der Hauptapsis, das berühmteste Motiv des Zyklus, stellt das Gastmahl des Herodes mit der tanzenden Salome und dem Haupt Johannes des Täufers dar (unten rechts). Von außen erwecken die in hochalpiner Umgebung gelegenen romanischen und spätgotischen Bauten des Klosters einen wehrhaften Eindruck (links).

RHÄTISCHE BAHN IN DER KULTURLANDSCHAFT ALBULA/BERNINA

Die grenzüberschreitende, zur Schweiz und zu Italien zählende Welterbestätte umfasst die beiden historischen Bahnlinien Albulabahn und Berninabahn als technische Denkmäler sowie die sie umgebenden Landschaften. Die mehr als 100 Jahre alten Bahnlinien gelten als herausragendes Beispiel für die Erschließung der Alpenregion.

Jahr der Ernennung: 2008

Linienführung, Architektur und Bautechnik machen die insgesamt gut 120 Kilometer lange Bahnstrecke zu einem einzigartigen Zeugnis des Gebirgsbahnbaus, das zugleich in besonderem Einklang mit der Schönheit der Alpen als Natur- und Kulturlandschaft steht. Die Bahnlinie liegt fast vollständig auf schweizerischem Gebiet und verläuft von den Bündner Alpen bis kurz hinter die schweizerisch-italienische Grenze. Die Albula- und Berninabahn waren jahrzehntelang ein wichtiges Rückgrat der Verkehrsinfrastruktur der Zentralschweiz. Sie erschlossen abgeschiedene Regionen und beeinflussten nachhaltig deren gesellschaftliche und wirtschaftliche Entwicklung.

Die 62 Kilometer lange Albulalinie wurde 1904 in Betrieb genommen. Sie führt von Thusis im Kanton Graubünden nach St. Moritz und überwindet rund 1000 Höhenmeter. Die Züge fahren auf einer der architektonisch anspruchsvollsten Schmalspurbahntrassen der Welt und passieren dabei 144 Viadukte und Brücken sowie 42 Galerien und Tunnels, darunter den 5,8 Kilometer langen Albulatunnel.
Die 61 Kilometer lange Berninabahn wurde 1910 fertiggestellt und verbindet St. Moritz mit der italienischen Grenzstadt Tirano. Die Linie führt auf 2253 Meter Höhe über den Berninapass. Die Trasse umfasst 13 Tunnels und Galerien sowie 52 Viadukte und Brücken und weist Steigungen von bis zu sieben Prozent auf.

Durch verschneite Berglandschaften (großes Bild: auf dem Weg zum Berninapass) und über kühne Viadukte (oben: Landwasser-Viadukt) schlängelt sich das rote Band von Bernina- und Albulabahn.

TEKTONIKARENA SARDONA

Die Tektonikarena Sardona umfasst eine 328 Quadratkilometer große Gebirgsregion mit sieben Gipfeln, die oberhalb von 3000 Metern liegen. Neben einer reichen Tier- und Pflanzenwelt sowie Biotopen und Geotopen gehört zu diesem Gebiet auch die Glarner Hauptüberschiebung, die auf einzigartige Weise eine Gebirgsentstehung verdeutlicht.

Jahr der Ernennung: 2008

Die Gebirgslandschaft um den 3056 Meter hohen Piz Sardona im Grenzgebiet der Kantone St. Gallen, Glarus und Graubünden zeugt von der Entstehung von Gebirgen durch die Kollision von Kontinentalplatten und den dabei wirksam werdenden tektonischen Kräften. Seit dem 19. Jahrhundert liefert die Region den Geowissenschaften wichtige Erkenntnisse über Aufbau und Entstehung der Alpen.
Zentrales Element des Schutzgebiets ist die weithin sichtbare Glarner Hauptüberschiebung. Hier schob sich vor 20 bis 30 Millionen Jahren ein bis zu 15 Kilometer dickes, aus dem Vorderrheintal stammendes Gesteinspaket über jüngere Gesteinsschichten. Entlang der Überschiebungslinie ruhen 250 bis 300 Millionen Jahre alte grünliche bis rötliche Verrucanogesteine auf 35 bis 50 Millionen Jahre alten bräunlichgrauen Flyschgesteinen. Die Überschiebungsfläche beginnt im Vorderrheintal, erreicht im Gipfelkamm von Hausstock, Sardona und Ringelspitz auf 3000 Metern Meereshöhe ihren Höhepunkt und sinkt dann in nördliche Richtung ab.
Zur Tektonikarena Sardona gehören außerdem bedeutende Biotope, darunter Hochmoore und Schwemmebenen sowie die älteste Kolonie wiederangesiedelter Steinböcke in der Schweiz. Zu den Geotopen zählen das Martinsloch in den Tschingelhoren, das Kupferbergwerk auf der Mürtschenalp sowie die Segnesböden und die Landschaften im hinteren Murgtal, die von Gletschern der Eiszeit geformt wurden.

Der Piz Sardona (großes Bild) ist der höchstgelegene Punkt der als Welterbe ausgezeichneten Tektonikarena. Durch das Naturphänomen Martinsloch scheint lediglich an vier Tagen im Jahr die Sonne auf die Kirche von Elm (oben).

ALPENREGION JUNGFRAU-ALETSCH-BIETSCHHORN

Mit der Region Jungfrau-Aletsch-Bietschhorn wurde erstmals ein Abschnitt der Alpen in die Liste des Weltnaturerbes aufgenommen.

Jahr der Ernennung: 2001
Erweiterung: 2007

Das Herz des steil aufragenden Gebirgsmassivs bilden die Berge Jungfrau, Mönch und Eiger. Bis auf rund 3500 Meter Höhe führt eine Zahnradbahn auf das Jungfraujoch. Sein Wahrzeichen ist die gläserne Kuppel des Observatoriums. Die Nordwand des Eiger (3970 Meter Höhe) in den Berner Alpen südwestlich von Grindelwald dagegen muss erklettert werden – seit ihrer Erstbesteigung 1938 ist sie mit 1800 Meter Höhenunterschied die berühmteste Kletterwand der Alpen.
Die Region ist mit ihren Schneefeldern auch Nährgebiet des Großen Aletschgletschers. Am »Konkordiaplatz« beim Jungfraujoch vereinigen sich Aletschfirn, Jungfernfirn und Ewigschneefeldfirn zum mit (noch) 23 Kilometer Länge größten Gletscher Europas, der im Zuge der Klimaerwärmung aber immer weiter schmilzt. An den Moränenflächen rund um den Eisstrom hat sich eine vielfältige Flora und Fauna angesiedelt. Im Naturschutzgebiet Aletschwald wächst die Arve, eine Baumart, die über 800 Jahre alt werden kann.
Das Bietschhorn zeichnet sich an der Südseite durch sonnige, trockene Täler aus, die sich fingerartig nach unten er-

strecken und im Süden bis zum Rhônetal, im Norden bis zum Lötschental reichen. In der Walliser Felsensteppe sind seltene Tier- und Pflanzenarten heimisch, der heiße Steppenrasen wird nicht bewirtschaftet.
Im Jahr 2007 wurde das Areal des Weltnaturerbes in westlicher und östlicher Richtung von 540 auf 820 Quadratkilometer erweitert.

Aus unterschiedlichen Perspektiven und im Kontrast zu Alm- und Blumenwiesen zeigen sich hier die Granit- und Eisriesen Eiger, Mönch und Jungfrau im Berner Oberland, je nach Jahreszeit mehr oder weniger verschneit (rechts unten; links: Kleine Scheidegg nahe Grindelwald; links unten: Blick auf Jungfrau nahe Wengen).

ALPENREGION JUNGFRAU-ALETSCH-BIETSCHHORN
ALETSCHGLETSCHER

Vom »Top of Europe«, der Bergstation von Europas höchstgelegener Zahnradbahn auf dem Jungfraujoch (3454 Meter), bietet sich ein fantastischer Blick auf den hier entspringenden Großen Aletschgletscher und die Bergwelt des Berner Oberlands (großes Bild).

Seit dem letzten Vorstoß um 1860 schrumpft der 23 Kilometer lange Große Aletschgletscher. Im Zuge der Klimaerwärmung sind es momentan rund 50 Meter pro Jahr. Auf den Aufnahmen sind die abgeschliffenen Formen an den Seiten gut zu erkennen (oben, von links: Blick auf das Wannenhorn, Blick vom Eggishorn mit Jungfrau, Eiger und Mönch sowie mit Jungfrau).

WEINTERRASSEN DES LAVAUX

Seit mindestens 1000 Jahren wird in der Terrassenlandschaft des Lavaux am Ufer des Genfer Sees Wein angebaut. Hier sind Dörfer entstanden, die die Entwicklung der Weinproduktion über die Jahrhunderte hinweg widerspiegeln. Die Landschaft gilt als eine der schönsten der ganzen Schweiz.

Jahr der Ernennung: 2007

Das Lavaux erstreckt sich rund 30 Kilometer weit an der Nordküste des Genfer Sees von den östlichen Außenbezirken von Lausanne bis zum Château de Chillon. Das Welterbe umfasst die Hänge nahe am See, die meist zwischen den Dörfern und dem Ufer liegen. Drei Sonnen, so meinen die Einheimischen, wärmen hier die Reben: die glühende Sonne des Tages, die Reflexion der Sonnenstrahlen durch die Wasseroberfläche des Sees und die tagsüber gespeicherte Sonnenwärme der Steinmauern, die nachts ihre Energie wieder abgeben. Die heutige Terrassenlandschaft geht auf Benediktiner- und Zisterziensermönche des 11. und 12. Jahrhunderts zurück. Man schätzt die Länge der Steinterrassen auf 400 bis 450 Kilo-

meter. Von den fast 900 Hektar des Kerngebiets sind gut 570 Hektar Weinberg. Angebaut wird hier der Gutedel, eine Rebsorte, die man in der Schweiz allgemein Chasselas nennt oder Fendant. Übrigens gelangte sie einst vom Genfer See ins Markgräflerland, wo sie heute als ortstypische Sorte gilt. Die Weißweine des Lavaux machen nach schweizerischer Art eine zweite Gärung – die malolaktische – durch. Dabei wird die etwas spitze Apfelsäure in die mildere Milchsäure umgewandelt. Die Weine verlieren dabei an Säure und entwickeln einen charakteristischen Duft. Die 14 Gemeinden des Lavaux produzieren ausschließlich Weißwein mit den Appellations contrôlées Villette, Saint-Saphorin, Dézaley, Epesses und Chardonne.

Steil fallen die großteils terrassierten Weinhänge des Lavaux zum Genfer See hin ab. See und Alpen bilden eine einzigartige Kulisse der Weinberge in der historischen Weinbauregion.

BURGEN VON BELLINZONA

In der schönen alten tessinischen Stadt Bellinzona hat sich in Form eines ganzen Ensembles von Kastellen, der berühmten Tri Castelli, ein einzigartiges Beispiel mittelalterlicher Festungsarchitektur erhalten, die dem Stadtbild ein einzigartiges Gepräge gibt.

Jahr der Ernennung: 2000

Der Anlass für den Bau einer ganzen Kette von Festungen war, dass an dieser Stelle gleich mehrere Verbindungswege zwischen dem Norden und Italien, wie etwa die Übergänge über Nufen, Gotthard, Lukmanier oder San Bernardino, die Talenge des Südalpenflusses Ticino passieren mussten. Das größte der drei Kastelle von Bellinzona, das Castello Grande auf dem innerstädtischen Hügel, entstand im 13. Jahrhundert und wurde von den Mailänder Sforza-Herzögen zwischen 1486 und 1489 ausgebaut, um das Vordringen der Eidgenossen zu verhindern. In der zweiten Hälfte des 15. Jahrhunderts erhielt das am Talhang gelegene kleinere Castello di Montebello sein heutiges Aussehen, einschließlich der stufig abfallenden Schutzmauern, die in die übrige Stadtbefestigung integriert sind. Um eine Umgehung des Ortes durch die Eidgenossen zu verhindern, wurde 230 Meter hoch über der Stadt auf dem südöstlich vorkragenden Bergrücken das Castello di Sasso Corbaro gebaut. Nach der Niederlage der Sforza in der Schlacht von Giornico wurde es 1479 in einem enormen Kraftakt innerhalb von nur sechs Monaten errichtet.
Das strategische Abwehrsystem ergänzte man mit der Murata, einer fast fünf Meter breiten Mauer mit übereinander liegenden Doppelgalerien, die sich zum Fluss hinzieht. Alle Befestigungsmaßnahmen konnten jedoch nicht verhindern, dass das mehrmals heftig umkämpfte Bellinzona 1516 letztlich doch an die Eidgenossenschaft fiel.

Das Castello di Montebello (großes Bild) und das Castello Grande (oben), zwei der drei noch erhaltenen Tre Castelli von Bellinzona, bieten mit ihren mächtigen Mauern einen imponierenden Anblick.

Der pyramidenförmige Bergrücken des Monte San Giorgio gilt als die reichste Fundstätte von Fossilien aus der Erdperiode Trias vor 245 bis 230 Millionen Jahren. Hier wurden Versteinerungen zahlreicher Meerestiere gefunden, darunter von bis zu sechs Meter langen Sauriern.

Jahr der Ernennung: 2003

Der Monte San Giorgio an den südlichen Ausläufern des Luganer Sees ist noch immer ein ziemlich abgeschiedenes Gebiet. Nur wenige Landschaften der Südschweiz blieben bis heute in einem so naturnahen Zustand erhalten. Seit Jahren ist der Wald auf dem 1096 Meter hohen Berg sich selbst überlassen. Berühmtheit erlangte der Berg jedoch vor allem als bedeutender Fossilienfundort. Keine Region der Schweiz weist besser konservierte Fossilien auf. Zu den spektakulärsten Funden zählen vorwiegend meeresbewohnende Reptilien wie etwa der Ticinosuchus und der Ceresiosaurus – »Ceresio« ist die einheimische Bezeichnung für den Luganer See.

Die Funde liegen in fünf aufeinanderfolgenden Schichten, die lückenlos einen ganzen Abschnitt der Erdgeschichte dokumentieren. In dieser geologisch gesehen kurzen Zeitspanne wandelten sich Fauna und Flora so stark, dass man geradezu von einer Artenexplosion sprechen kann. Bis heute hat man die Überreste von 80 Fischarten, 40 Reptilienarten sowie von mehreren hundert wirbellosen Tieren gefunden. Da die Lagune, in der diese Tiere lebten, durch ein Riff von der Hochsee getrennt war und nahe am Festland lag, weist der Monte San Giorgio auch Fossilien landbewohnender Tiere und Pflanzen auf. Sie sind übrigens vollständig erhalten und hervorragend konserviert. Einige der schönsten Funde können in einem kleinen Museum im Rathaus von Meride besichtigt werden.

Dieser rund 20 Zentimeter lange Pachypleurosaurus (unten), ein Meeressaurier aus der Trias, zählt zu den Fundstücken von Monte San Giorgio. Ein Exemplar kann im Museum des Paläontologischen Instituts Zürich besichtigt werden (oben).

HISTORISCHES ZENTRUM VON SALZBURG

Als Barockjuwel präsentiert sich die Altstadt Salzburgs, wo durch Salzabbau reich gewordene Fürstbischöfe im 17. und 18. Jahrhundert prächtige Kirchen und Paläste errichteten.

Jahr der Ernennung: 1996

Von der Herrschaft der geistlichen Fürsten, die einst Salzburg regierten, zeugen heute noch zahlreiche Sakralbauten. Zwei Erzbischöfe waren es, die das Bild der Stadt, die sich an den Mönchsberg und den Kapuzinerberg mit der Festung Hohensalzburg schmiegt, im 17. Jahrhundert vornehmlich prägten: Wolf Dietrich von Raitenau und Johann Ernst von Thun. Auf Raitenau geht die Barockisierung Salzburgs zurück, er ließ Baumeister aus Italien kommen, darunter Vincenzo Scamozzi, einen Schüler Palladios, und Santino Solari, dem Salzburg den Dom St. Rupert verdankt. Die helle Fassade und die mächtige achteckige Kuppel beherrschen noch heute die Salzburger Stadtsilhouette. Thun berief Fischer von Erlach nach Salzburg, der dort die Kollegien-, die Ursulinen- und die Dreifaltigkeitskirche erbaute. Auch prächtige weltliche Residenzen entstanden, so Schloss Mirabell mit seiner Orangerie und Schloss Hellbrunn, dessen Säle prachtvoll ausgemalt wurden. Charakteristisch für die Gassen der Altstadt sind die verschachtelten Innenhöfe der sogenannten »Durchhäuser«.

Über der vieltürmigen Silhouette Salzburgs mit dem Dom wacht die Festung Hohensalzburg (unten und links oben). Auch stillere Ecken wie Kirche und Friedhof St. Peter oder die Hausfassade im Stadtteil Nonntal künden von der katholischen Tradition Salzburgs. Schmiedeeiserne Schilder säumen die Getreidegasse, wo zahlreiche kleine Läden residieren (oben, von links).

HISTORISCHES ZENTRUM VON SALZBURG SCHLOSS MIRABELL

Schloss Mirabell in der heutigen Neustadt (großes Bild) wurde 1606 von Fürsterzbischof Wolf Dietrich von Raitenau für seine Geliebte Salome Alt (mit der er 15 Kinder zeugte) errichtet. Nach dem Umbau zur barocken Schlossanlage 1727 und feuerbedingten Zerstörungen 1818 wurde es danach in klassizistischem Stil wiederaufgebaut. Der prächtige Marmorsaal ist heute ein beliebter Trauungsort.

Der Schloss Mirabell umgebende Mirabellgarten (links) geht auf Fischer von Erlach zurück. 1730 wurde er zu einem Barockgarten umgestaltet, mit Betonung der Längsachse, die die Anlage auf Dom und Feste Hohensalzburg hin ausrichtet (im Hintergrund). Seine charakteristischen Elemente sind ein zentraler Brunnen und Figurengruppen, darunter historische Zwergerlfiguren.

HISTORISCHES ZENTRUM VON SALZBURG SCHLOSS HELLBRUNN

Schloss Hellbrunn (oben Mitte) im heutigen Stadtteil Morzg wurde 1615 nach Plänen von Santino Solari im Stil einer römischen Villa suburbana errichtet. Die Hauptattraktionen des Lustschlosses sind der Park und die weitläufigen Wasserspiele mit Brunnen (ganz unten) wie dem Theatrum samt Fürstentisch (unten), mit Weihern und Grotten wie der Orpheusgrotte samt Figuren aus der antiken Mythologie (rechts).

Eine Besonderheit von Hellbrunn sind die rund 400 Jahre alten Wasserautomaten (oben links und rechts). Der skurrilste befindet sich in der Neptungrotte. Zu Füßen des Meeresgotts rollt eine bizarre männliche Fratze aus Kupfer, das Germaul, die Augen und streckt die Zunge heraus. Die Bewegungen werden durch einen Wasserstrom hinter der Maske gesteuert.

KULTURLANDSCHAFT WACHAU

Die Wachau ist ein enges Durchbruchstal der Donau zwischen dem Benediktinerstift Melk und der Stadt Krems. Hier vereinen sich Natur und Kultur mit Fluss und Hügeln, Wein- und Obstgärten, mittelalterlichen Dörfern und Städtchen, Burgen und Klöstern zu einer fast südliches Ambiente verströmenden Kulturlandschaft.

Jahr der Ernennung: 2000

Die steile Engtalstrecke der Wachau wird im Westen von der grandiosen barocken Klosterresidenz Melk eröffnet, die mit ihrer mächtigen Doppelturm-Kuppelkirche das »Diadem« dieser Landschaft bildet. Zwischen Obstbauern- und Winzerdörfern reihen sich am Fluss zahlreiche Burgen und Burgruinen, Schlösser und Kirchen aneinander. Hier liegt auch die kleine Ortschaft Willendorf, die durch einen der wohl bedeutendsten Funde aus der Altsteinzeit, die sogenannte »Venus von Willendorf«, bekannt geworden ist.

Über die bekannten Weinorte Spitz und Weißenkirchen gelangt man nach Dürnstein, wo man das Steilufer mit dem Stift unterhalb der Burgruine erklimmt. Der schlanke Spätbarockturm

des Stifts zählt zu den elegantesten seiner Art. Nach Dürnstein öffnet sich die Talenge und gibt den Blick frei bis nach Krems, der mittelalterlichen Stadt mit den gotischen Bauten der Gozzo-Burg, der Dominikanerkirche und der Piaristenkirche. Der von einer Anhöhe feierlich herabgrüßende Gebäudekomplex des Stifts Göttweig bildet den Abschluss der Wachau.

Ein Wahrzeichen der Wachau ist Dürnstein mit Burgruine, Renaissanceschloss, barockem Stift und ehemaligem Klarissenkloster (unten). Nur wenige Kilometer entfernt liegt der Weinort Weißenkirchen (links). Auf einem Felssporn über der Donau erhebt sich Kloster Melk mit der prächtigen Barockkirche und der berühmten Klosterbibliothek (oben).

HISTORISCHES ZENTRUM VON WIEN

Historische Bauten vor allem aus der Gründerzeit mussten in vielen anderen Metropolen Europas weitgehend einer großflächigen Überbauung weichen – allerdings nicht so in Wien, wo diese Architektur bis heute größtenteils unversehrt erhalten geblieben ist.

Jahr der Ernennung: 2001

Wiens historisches Zentrum spiegelt mit seiner Vielzahl herausragender Bauten und Denkmäler drei Epochen der kulturellen und politischen Entwicklung in Europa wider: Mittelalter, Barock und Gründerzeit. Zum Bereich des Weltkulturerbes zählen auch die den Stadtkern umschließende Ringstraße mit ihren Pracht- und Repräsentationsbauten aus dem späten 19. Jahrhundert und eine sogenannte »Pufferzone« im Vorstadtbereich.
Als Residenzstadt der Habsburger und als Hauptstadt der österreichisch-ungarischen Doppelmonarchie war die Donaumetropole über Jahrhunderte hinweg ein politisches, geistiges und kulturelles Zentrum – sei es in Literatur, Theater, bildender Kunst, Musik oder Psychoanalyse. Noch bei Aus-

bruch des Ersten Weltkriegs hatte Wien mehr Einwohner als heute und war eine der größten Städte der Welt. Die imperiale Anlage der einstigen Vielvölkermetropole spiegelt sich auch in den unzähligen Baudenkmälern und Kunstschätzen wider. Erwähnt seien hier unter vielen anderen der Stephansdom, die Hofburg, das Kunsthistorische Museum, der Josephsplatz mit der Nationalbibliothek, die Augustinerkirche mit der Kapuzinergruft, die Spanische Reitschule, die Karlskirche, die Secession, die Staatsoper, das Burgtheater oder Schloss Belvedere. Und natürlich gehört zu Wien auch das Kaffeehaus, das seit der Belagerung durch die Türken 1683 eine aus der Stadt nicht mehr wegzudenkende Institution geworden ist.

Der über der Stadt aufragende Stephansdom ist eines der bedeutendsten Bauwerke der Gotik in Österreich (großes Bild; im Vordergrund die gewaltige Kuppel der Peterskirche). Der Hochaltar aus schwarzem Marmor wurde 1640 bis 1660 von den Brüdern Tobias und Johann Jakob Pock hingegen im Stil des Frühbarock geschaffen (oben und links).

HISTORISCHES ZENTRUM VON WIEN HOFBURG

Die Wiener Hofburg war einst die Stadtresidenz der Habsburgerkaiser. Sie wurde über die Jahrhunderte hinweg kontinuierlich um diverse Trakte und Flügel erweitert, wobei Barock und Renaissance den äußeren Eindruck bestimmen. Der um 1890 errichtete Michaelertrakt (großes Bild) ist ebenso Bestandteil des weitläufigen Ensembles wie die barocke Nationalbibiothek mit dem Prunksaal (links).

Die Schatzkammer im Schweizertrakt der Hofburg beherbergt zwei der berühmtesten Kronen. Die Reichskrone war die Krone der Kaiser und Könige des Heiligen Römischen Reichs. Danach wurden die Rudolfinische Krone sowie Zepter und Reichsapfel die Herrschaftsinsignien der österreichischen Kaiser (oben rechts und links). Der mythenumrankten Gattin (unten) Franz Josefs ist das Sisi Museum in der Hofburg gewidmet.

HISTORISCHES ZENTRUM VON WIEN
KARLSPLATZ UND KARLSKIRCHE

Am Karlsplatz drängen sich gleich mehrere Kulturbauten von Rang. Neben Musikverein, Künstlerhaus, Secession und Wien Museum sind dies die von Otto Wagner errichteten Jugendstilpavillons der Wiener Stadtbahn (großes Bild, links) sowie die von Fischer von Erlach entworfene Karlskirche, einer der bedeutendsten Barockbauten Wiens mit Kuppel, Triumphsäulen und Seitentürmen (unten rechts).

Der Geist des Barock entfaltet sich in der Karlskirche in einer Fülle von Rundungen, Ornamenten und Fresken. Den räumlichen Höhepunkt bilden das Kuppelfresko (oben links ein Ausschnitt aus der Figurengruppe »Der Glaube«) und die Friedenstaube in der Laterne (oben Mitte; beide von Michael Rottmayr). Über dem Hochaltar schwebt der Pestheilige Karl Borromäus der Apotheose entgegen (oben rechts).

JOHANN BERNHARD FISCHER VON ERLACH

Baumeister und Raumkünstler des österreichischen Barock

Als Sohn eines Bildhauers wurde Fischer von Erlach (1656–1723) zunächst die Bildhauerkunst in die Wiege gelegt. Nach einem Italienaufenthalt – wo er in Rom den Bildhauer und Baumeister Gian Lorenzo Bernini kennenlernte – wandte er sich der Architektur zu und sollte schließlich einer der herausragenden Architekten des österreichischen Barock werden. Er zeichnete für den Originalentwurf von Schloss Schönbrunn verantwortlich – wovon jedoch nach diversen Umbauten kaum etwas übrig blieb – und er war an der Errichtung einiger Kirchen in Salzburg (Dreifaltigkeits-, Ursulinen-, Kollegien-, Johannesspitalkirche) sowie verschiedener Stadtpalais in Wien (Strattmann, Batthyány, Trautson,

Fischer von Erlach (Kupferstich von Johann Adam Deisenbach, 1719, später koloriert)

Schwarzenberg, Winterpalais von Prinz Eugen) beteiligt. Der Prunksaal der Nationalbibliothek in der Hofburg, ein Juwel barocker Raumkunst, geht ebenfalls auf ihn zurück.
Als Fischers Hauptwerk gilt die Karlskirche in Wien (1716–1737). Der Kuppelbau offenbart in seinen streng durchkomponierten Formen und den Anleihen bei Antike, römischem Barock und Barock-Klassizismus eine neue Spielart des Barock, die sich von den beschwingten Formen seines Zeitgenossen Lukas von Hildebrandt deutlich abhebt und in ihren monumentalen Linien zum Symbol der Machtentfaltung der Habsburger wurde.

Der Prunksaal der Nationalbibliothek in der Hofburg ist eine Gemeinschaftsproduktion von Vater und Sohn Fischer von Erlach. Johann Bernhard plante den Bau, nach dessen Tod 1723 vollendete ihn Joseph Emanuel. Die Fresken stammen von Daniel Gran. Der 80 Meter lange und 20 Meter hohe Raum ist die größte Barockbibliothek Europas und beherbergt mehr als 200 000 Bände sowie eine historische Globensammlung.

HISTORISCHES ZENTRUM VON WIEN RINGSTRASSE

Was wäre Wien ohne Oper und Theater? Entlang des Rings konzentrieren sich die Weihestätten der Wiener Hochkultur. Die Staatsoper (großes Bild) ist eines der berühmtesten Opernhäuser der Welt, aus ihrem Orchester rekrutieren sich die Wiener Philharmoniker. Nicht minder renommiert ist das Burgtheater, die Wirkungsstätte bedeutender Schauspieler, Regisseure und Intendanten (unten).

Zu den weiteren Repräsentationsbauten am Ring zählen das Parlamentsgebäude mit Pallas-Athene-Brunnen samt Allegorien von Legislative und Exekutive sowie das Kunsthistorische Museum (von links).

HISTORISCHES ZENTRUM VON WIEN BELVEDERE

Schloss Belvedere ist eine aus zwei Palästen, dem Oberen (großes Bild) und dem Unteren Belvedere (rechts), bestehende barocke Sommerresidenz, die Prinz Eugen ab 1714 von Lukas von Hildebrandt errichten ließ. In den reich stuckatierten, teils mit großartigen Fresken versehenen Räumlichkeiten residiert heute die Österreichische Galerie Belvedere, die auch eine umfangreiche Klimt-Sammlung beherbergt.

Das Verbindungsstück zwischen Unterem und Oberem Belvedere bildet ein von Dominique Girard nach französischen und italienischen Vorbildern angelegter Park. Die streng symmetrische Anlage wird aufgelockert durch eine Vielzahl von Skulpturen und Brunnen (unten), Glashäuser für exotische Pflanzen, eine große Voliere, den Tiergarten und eine Orangerie.

SCHLOSS SCHÖNBRUNN

Schloss Schönbrunn, die einstige Sommerresidenz, verdeutlicht allein schon durch seine gigantischen Dimensionen den umfassenden Herrschaftsanspruch der Habsburger.

Jahr der Ernennung: 1996

Kaiser Karl VI. übertrug die Planung Schönbrunns dem Architekten Johann Bernhard Fischer von Erlach, der eine gigantische Anlage bauen wollte, die selbst Versailles noch weit übertroffen hätte. Kaiserin Maria Theresia ließ das unvollendete Bauwerk dann ab 1744 zu ihrer Residenz umbauen und durch Nikolaus Pacassi im spätklassizistischen Stil fertigstellen. Diese Umbauten ließen von Fischers ursprünglichem Bau nur wenig übrig. Schon 1737 wurde das hinter der reich mit Statuen besetzten Balustrade versteckte Flachdach durch die heutigen Dächer ersetzt. Nach 1744 entstanden der Dachaufsatz über dem Mittelrisalit, die Balkone und seitlichen Treppen. Fischers zentraler Kuppelbau wurde dabei zerstört; von der Innenausstattung ist nur noch die »Blaue Stiege« erhalten geblieben. Die Gestaltung der Innenräume oblag Johann Hetzendorf, der auch den bereits 1695 von Jean Trehet angelegten Park weiter aus- und umbaute. Die Hofkapelle, Repräsentations- und Privaträume, Spiegelgalerien und Kabinette zeigen somit feinste Dekorationskunst des Spätrokoko.

Die Gloriette, ein frühklassizistischer Kolonnadenbau, thront auf einer Anhöhe über dem Schönbrunner Schlosspark (großes Bild), der von zahlreichen barocken Statuen gesäumt wird (unten). In imperialen Dimensionen präsentiert sich die Ehrenhoffassade mit den Arkaden zu den Kavalierstrakten (links).

KULTURLANDSCHAFT NEUSIEDLER SEE

Die Region um den Neusiedler See im österreichisch-ungarischen Grenzgebiet ist ein einzigartiges Biosphärenreservat und zugleich altes Kulturland.

Jahr der Ernennung: 2001

Der Neusiedler See, zu drei Vierteln zu Österreich gehörig, zu einem Viertel zu Ungarn, lag als Teil der Handelsroute zwischen Adria und Ostsee seit alters im Schnittpunkt der Kulturen. Davon zeugen archäologische Denkmäler, antike Heiligtümer, Weinberge und Schlösser. Durch Abholzung, Entwässerung, Jagd und Beweidung ist eine Kulturlandschaft geschaffen worden, in der wirtschaftliche Nutzung und Erhaltung natürlicher Lebensräume miteinander in Einklang stehen.

Der leicht salzhaltige Steppensee an den Ausläufern der Kleinen Ungarischen Tiefebene wird rundum von einem stellenweise bis zu drei Kilometer breiten Schilfgürtel und von Salzwiesen umgeben. Er weist eine höchst artenreiche Flora auf. Das trotz seiner geringen Tiefe fischreiche Gewässer ist Lebensraum von seltenen Vogelarten und dient als Rastplatz für Zugvögel. Seit 2001 bilden die beiden Nationalparks Neusiedler See/Seewinkel auf österreichischer und Fertö-Hanság auf ungarischer Seite, einige österreichische Gemeinden und das ungarische Schloss Fertöd ein grenzüberschreitendes Welterbe.

Im Schutz dichter Schilfgürtel verbergen sich diese Hütten an der Ruster Bucht (großes Bild). Zahlreiche Pflanzen und Tiere haben hier ihren Lebensraum: Silberreiher, Uferschnepfe, Löffler, Große Rohrdommel (unten, von links), Wiesenküchenschelle, Große Küchenschelle, Kleines Knabenkraut, Spinnenragwurz, Hase, Zwergschwertlilie (oben, von links).

HALLSTATT-DACHSTEIN UND SALZKAMMERGUT

Einer ganzen Kultur lieh der kleine Ort Hallstatt im Salzkammergut seinen Namen, als bei Grabungen 1846 bis 1899 ein reich bestücktes Gräberfeld vom Beginn der Eisenzeit (800–500 v. Chr.) erschlossen wurde. Das Welterbe schließt aber auch die Gebirgslandschaft sowie die kulturhistorischen und architektonischen Zeugnisse der Region ein.

Jahr der Ernennung: 1997

Als Johann Georg Ramsauer 1846 im Schatten des Dachsteingebirges mit den ersten Grabungen zur Vorgeschichte in Mitteleuropa begann, gelangten Zehntausende Funde von unschätzbarem Wert ans Tageslicht, die den Übergang von der europäischen Bronzezeit zur frühen Eisenzeit dokumentieren. Berühmtheit erlangten vor allem die langen Schwerter von Hallstatt, die in der Frühzeit aus Bronze, später aus Eisen geschmiedet worden waren. Die Hallstattkultur war von Südosteuropa über das Alpengebiet sowie Süd- und Westdeutschland bis nach Südfrankreich verbreitet. Ihre Grundlagen waren die Steinsalzförderung, von der noch eine Salzmine bei Hallstatt zeugt, sowie der Abbau und die Verhüttung großer Eisenvorkommen. An diesen Orten des prähistorischen Bergbaus blühten reiche Wirtschaftszentren auf (was sich auch heute noch im architektonischen Erscheinungsbild zeigt), mit zunehmender sozialer Gliederung, die durch die in Hallstatt gefundenen Bestattungsformen belegt wird. Und all das liegt eingebettet in eine Hochgebirgslandschaft von einzigartiger Schönheit.

Hallstatt (großes Bild) wurde als Ausgrabungsort früheisenzeitlicher Objekte (oben: Schöpfgefäß; unten: Zierbeil, beides aus Bronze) zum Namensgeber einer frühgeschichtlichen Kultur.

SEMMERING-EISENBAHN

Die Semmeringbahn ist eine Meisterleistung aus der Pionierzeit des Eisenbahnbaus. Sie war weltweit die erste Eisenbahnstrecke, die über einen Gebirgspass führte, und wurde schon zur Zeit ihrer Fertigstellung als harmonische Synthese von Technologie und Natur verstanden, die ein einzigartiges Reiseerlebnis bot.

Jahr der Ernennung: 1998

Der östlichste und niedrigste der großen Alpenpässe ist der Semmering zwischen Steiermark und Nieder-österreich. Nachdem man im Mai 1842 bereits die erste Eisenbahnlinie zwischen Wien und Gloggnitz eingeweiht hatte, wurde per kaiserlicher Verfügung eine Anschlussstrecke über den Semmering bis Mürzzuschlag angeordnet. Carl Ritter von Ghega plante die Bahnstrecke, mit deren Bau man 1848 begann. Da der Baumeister Konstruktionen aus Stahl und Eisen vehement ablehnte, wurde die gesamte Gleisführung auf rund 65 Millionen Ziegeln und Steinquadern errichtet. Auf dem Höhepunkt der Bauarbeiten waren täglich bis zu 20 000 Menschen beschäftigt. Nach ersten Probefahrten wurde der planmäßige Betrieb über den Semmering am 17. Juli 1854 feierlich eröffnet. Von da an dampften Züge mit Hunderten von Touristen mit einer Geschwindigkeit von sechs Stundenkilometern über den Pass. Die landschaftlich reizvollen Ausflüge über den Semmering wurden bei den Wienern zu einem beliebten Zeitvertreib.
Die Strecke hat eine Länge von 41,8 Kilometern, dabei wird zwischen Gloggnitz und Semmering ein Höhenunterschied von 457 Metern, zwischen Semmering und Mürzzuschlag von 216 Metern überwunden. Den höchsten Punkt bei 898 Meter Seehöhe erreicht der Streckenverlauf im 1430 Meter langen Haupttunnel. Die 15 Tunnels haben eine Gesamtlänge von 5420 Metern, die 16 Viadukte von 1502 Metern.

Nach dem Zweiten Weltkrieg musste lediglich der alte Haupttunnel der Semmeringbahn durch einen neuen ersetzt werden. Täglich fahren heute noch immer etwa 180 Züge über die historischen Viadukte (oben und unten).

ALTSTADT VON GRAZ

Der historische Kern der steirischen Hauptstadt wurde durch die Präsenz der Habsburger geprägt. Lokale Traditionen vereinen sich hier mit Einflüssen aus den Nachbarregionen.

Jahr der Ernennung: 1999

Graz – die zweitgrößte Stadt Österreichs – hat eine der am besten erhaltenen historischen Altstädte Mitteleuropas. Auf dem 473 Meter hohen Schlossberg hatten Slowenen um das Jahr 800 eine Burg errichtet. An eine hier später erbaute Renaissancefestung, die Napoleon zerstören ließ, erinnert heute nur noch der Uhrturm von 1561 (die Uhr stammt von 1712).

Am Südostfuß des Schlossbergs erstreckt sich die Grazer Altstadt mit ihren roten Ziegeldächern. Bauten aus verschiedenen Jahrhunderten prägen diesen Stadtteil: Der gotische Dom St. Ägidius und die Kaiserburg mit ihrer herrlichen spätgotischen Doppelwendeltreppe gehen auf das 15. Jahrhundert zurück. Das Landhaus mit dem prächtigen Arkadenhof, 1557 bis 1567 von Domenico dell'Aglio für die steirischen Stände als Versammlungshaus erbaut und heute der Sitz des steirischen Landtags, ist einer der bedeutendsten Renaissancebauten außerhalb Italiens. Das Landeszeughaus, von Antonio Solar, 1643/44 als Waffendepot gegen die Türkeneinfälle errichtet, besitzt mit seinem noch kompletten Waffenarsenal die weltweit größte Sammlung dieser Art. Die Universität der steirischen Hauptstadt wurde im Jahre 1586 gegründet. Von ihr nahm einst die Gegenreformation in Österreich ihren Ausgang. Heute hat die Grazer Universität die einzige Fakultät für Jazz in Europa.
Wie kaum ein anderer Ort in Österreich birgt die Altstadt von Graz eine Vielfalt von Baustilen und -werken, die über Jahrhunderte hinweg das Bild der Stadt bestimmt und ihm seinen heutigen Glanz verliehen haben.

Mit herrlichen Fresken ist das Gemalte Haus – auch Herzogshof genannt – in der Herrengasse versehen (großes Bild). Zahlreiche Türme und der Schlossberg dominieren den Blick über die Dächer von Graz (oben).

Die Kaiserthermen in Trier sind die Relikte eines um das Jahr 300 errichteten römischen Bads. Wegen der Verlegung des Amtssitzes von Kaiser Konstantin von Trier nach Konstantinopel war der Badebetrieb allerdings nie aufgenommen worden.

KARTENÜBERSICHT

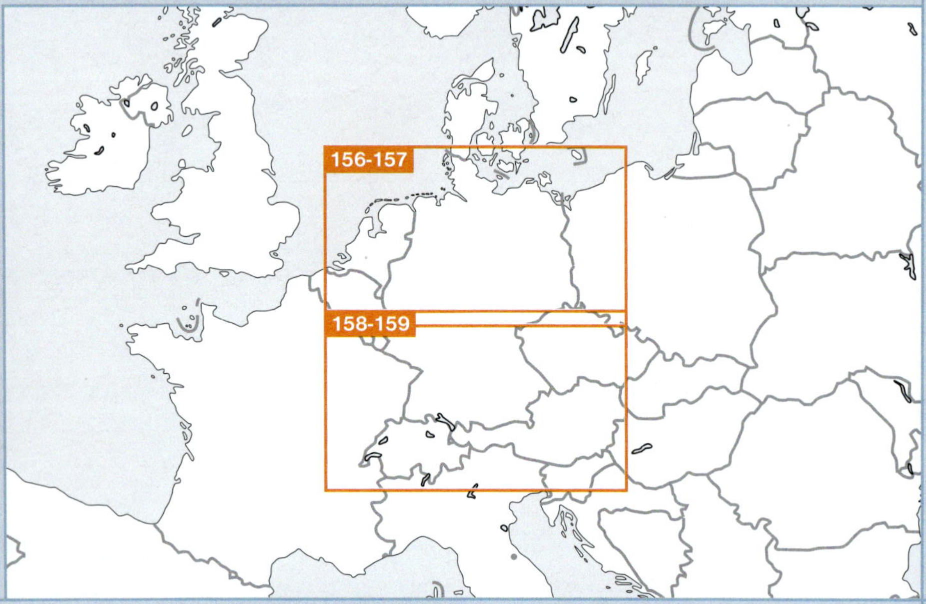

DIE NATUR- UND KULTURERBESTÄTTEN

Die erste Zahl bezeichnet die Seite im Atlasteil, die Kombination aus Ziffer und Buchstaben das Suchfeld.

DEUTSCHLAND

Hansestadt Lübeck	**157 Ll37**
Altstädte von Stralsund und Wismar	**157 Lo36/Lm37**
Rathaus und Roland in Bremen	**156 Lj37**
Dom und Michaeliskirche in Hildesheim	**156 Lk38**
Goslar	**157 Ll39**
Quedlinburg	**157 Lm39**
Bauhausstätten in Dessau und Weimar	**157 Ln39/Lm40**
Gartenreich Dessau-Wörlitz	**157 Ln39**
Eisleben, Wittenberg: Luthergedenkstätten	**157 Lm39/Ln39**
Potsdam und Berlin: Schlösser und Parks	**157 Ln38/Lo38**
Museumsinsel Berlin	**157 Lo38**

Maßstab 1:2 250 000

0 20 40 Kilometer

UNESCO-Weltnaturerbe

- Gebirgslandschaft
- Schlucht/Canyon
- Vulkan erloschen
- Vulkan aktiv
- Höhle
- Gletscher
- Flusslandschaft
- Seenlandschaft
- Fossilienfundstätte
- Naturpark
- Nationalpark (Landschaft)
- Nationalpark (Flora)
- Nationalpark (Fauna)
- Biosphärenreservat
- Küstenlandschaft
- Insel

UNESCO-Weltkulturerbe

- Vor- und Frühgeschichte
- Prähistorische Felsbilder
- Phönikische Kultur
- Etruskische Kultur
- Griechische Antike
- Römische Antike
- Wikinger
- Christliche Kulturstätte
- Islamische Kulturstätte
- Kulturlandschaft
- Historisches Stadtbild
- Burg/Festung/Wehranlage
- Palast/Schloss
- Technisches/industr. Monument
- Grabmal
- Denkmal
- Mahnmal
- Museum
- Theater
- Eisenbahnen

Maßstab 1:2 250 000

0 20 40 Kilometer

UNESCO-Weltnaturerbe

- Gebirgslandschaft
- Schlucht/Canyon
- Vulkan erloschen
- Vulkan aktiv
- Höhle
- Gletscher
- Flusslandschaft
- Seenlandschaft
- Fossilienfundstätte
- Naturpark
- Nationalpark (Landschaft)
- Nationalpark (Flora)
- Nationalpark (Fauna)
- Biosphärenreservat
- Küstenlandschaft
- Insel

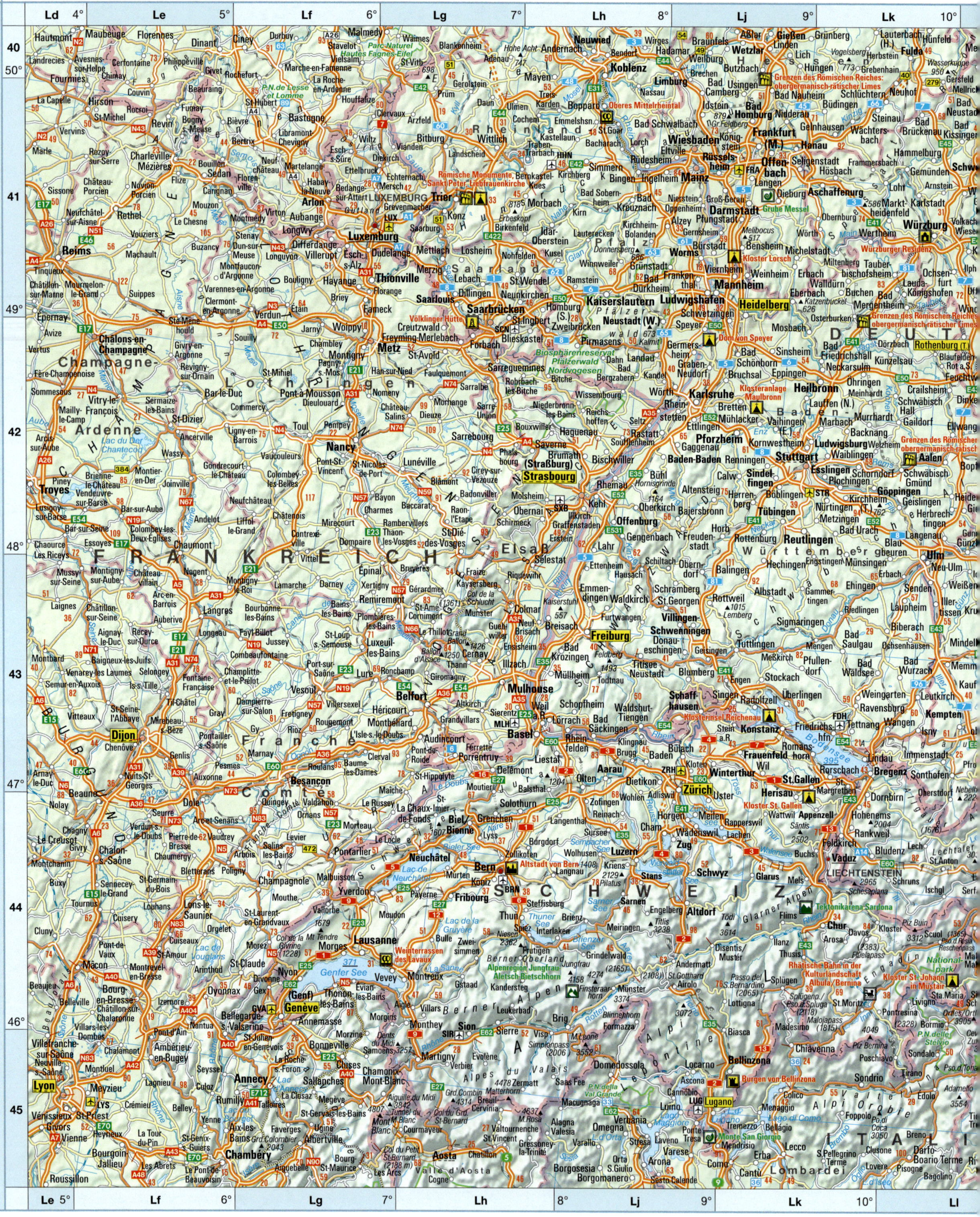

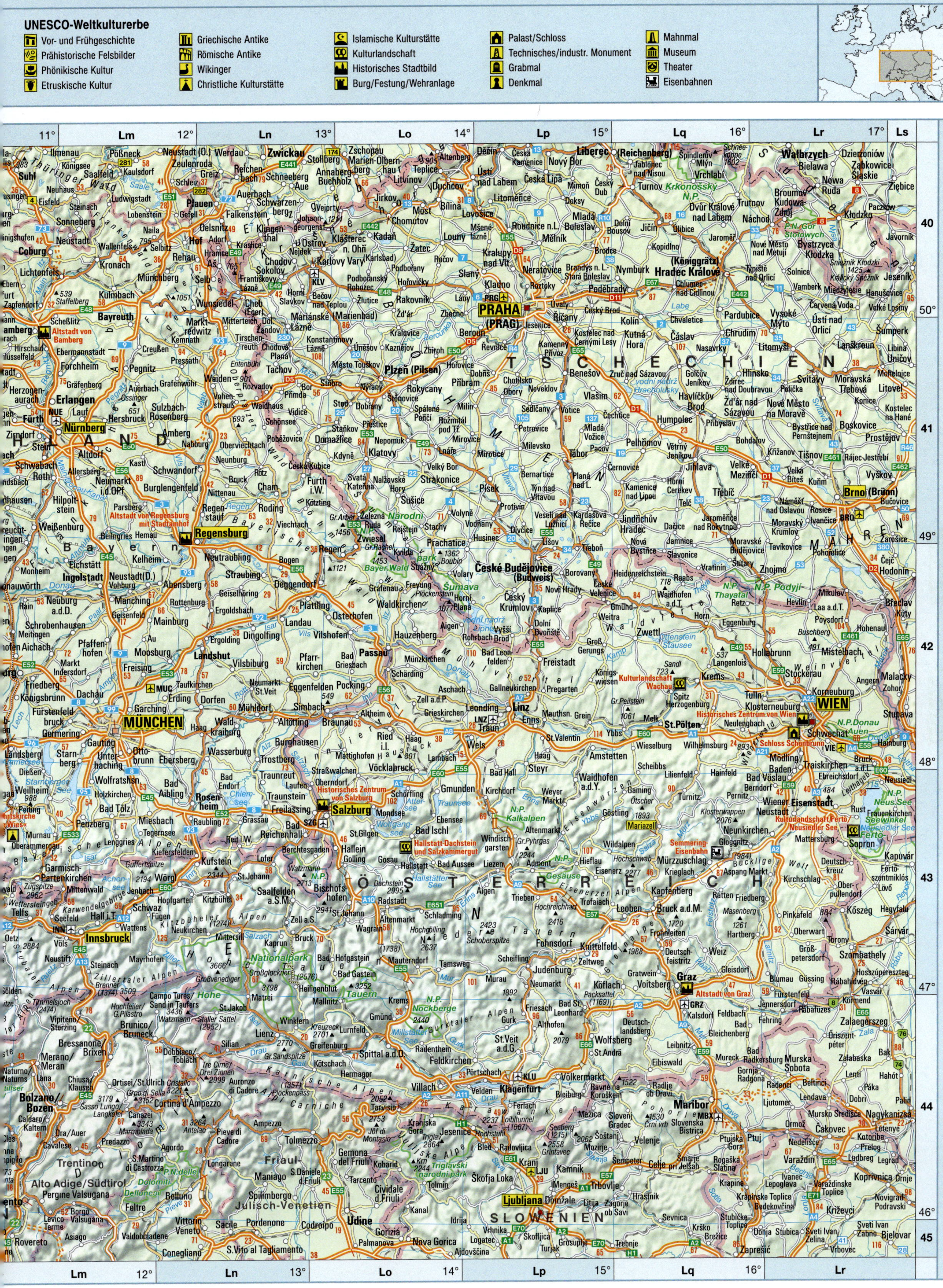
UNESCO-Weltkulturerbe
Vor- und Frühgeschichte
Prähistorische Felsbilder
Phönikische Kultur
Etruskische Kultur
Griechische Antike
Römische Antike
Wikinger
Christliche Kulturstätte
Islamische Kulturstätte
Kulturlandschaft
Historisches Stadtbild
Burg/Festung/Wehranlage
Palast/Schloss
Technisches/industr. Monument
Grabmal
Denkmal
Mahnmal
Museum
Theater
Eisenbahnen
TSCHECHIEN
ÖSTERREICH
SLOWENIEN
PRAHA (PRAG)
WIEN
MÜNCHEN
Salzburg
Innsbruck
Graz
Linz
Brno (Brünn)
Regensburg
Nürnberg
Ljubljana
Bamberg
Altstadt von Bamberg
Altstadt von Regensburg mit Stadtamhof
Historisches Zentrum von Salzburg
Hallstatt-Dachstein und Salzkammergut
Kulturlandschaft Wachau
Historisches Zentrum von Wien
Schloss Schönbrunn
Altstadt von Graz
Kulturlandschaft Fertő/Neusiedler See
Semmering-Eisenbahn

Auf dem Marktplatz vor dem Rathaus steht seit 1404 der Roland, Symbol der Freiheit Bremens: »Freiheit verkündige ich Euch, die Karl und mancher andere Fürst fürwahr dieser Stadt gegeben hat«. (großes Bild). Die Konditorei Demel in Wien ist berühmt für ihre köstlichen Torten und Kuchen. Das 1785 gegründete Unternehmen befindet sich seit 1888 an seinem heutigen Standort (kleines Bild oben).

TRAVELGUIDE

Nach der Liste des UNESCO-Welterbes wurden historische Bauwerke, Burgen, Schlösser, Kirchen und Klöster, aber auch ganze Altstadtzentren, Industriedenkmäler und faszinierende Naturlandschaften unter Schutz gestellt. Im folgenden Serviceteil sind die wichtigsten Informationsstellen der einzelnen Kulturstätten in Deutschland, in der Schweiz und in Österreich aufgelistet. Entsprechende Piktogramme erleichtern das Auffinden der weiterführenden Empfehlungen zu den Kategorien »Übernachten« und »Essen & Trinken«.

Deutschland

Hansestadt Lübeck

🛈 Touristbüro
Lübeck, Welcome Center, Lübeck und Travemünde Marketing GmbH, Holstentorplatz 1, Tel. 04 51/889 97 00, www.luebeck-tourismus.de

🛈 Lübecker Verkehrsverein e. V.
Lübeck, Linden-Arcaden, Konrad-Adenauer-Str. 6, Tel. 04 51/723 00 und Tel. 04 51/702 02 78, www.luebecker-verkehrsverein.de, Mo–Sa 9–18 Uhr, Stadtführungen und Abendrundgänge.

🛈 Lübecker Museen
Lübeck, Kulturstiftung Hansestadt Lübeck, Museum Holstentor, Holstentorplatz, Tel. 04 51/122 41 29, www.die-luebecker-museen.de

☒ Café Niederegger
Das Stammhaus der Lübecker Traditionsfirma bietet Marzipanköstlichkeiten sowie Kuchen und Torten. In der Zeißstraße 1–7 befindet sich der Fabrikverkauf.
Breite Str. 89, Tel. 04 51/530 11 26, www.niederegger.de, Mo–Fr 9–19, Sa 9 bis 18, So 10–18 Uhr.

☒ Schiffergesellschaft
Das beliebte Traditionshaus liegt inmitten der Lübecker Altstadt. Die Gasträume des im Jahr 1535 erbauten Gildehauses sind mit Kunstschätzen und Gegenständen aus der Seefahrt dekoriert. Am Stammtisch treffen sich noch heute alte und junge Kapitäne. Gute Küche.
Breite Str. 2, Tel. 04 51/767 70, www.schiffergesellschaft.de

☒ Wullenwever
Roy Petermann lässt in der eleganten Atmosphäre eines gut 400-jährigen Kaufmannshauses seine kreativen Gaumenfreuden in bester Qualität servieren.
Beckergrube 71, Tel. 04 51/70 43 33, www.wullenwever.de, Di–Sa 19–23 Uhr.

Hotel Kaiserhof
Man logiert in zwei Patrizierhäusern aus dem Jahre 1898 in Nähe zum Mühlentor. Das Feinschmeckerrestaurant »Louis XIV« verspricht kulinarische Genüsse vom Feinsten.
Kronsforder Allee 11–13, Tel. 04 51/70 33 01, www.kaiserhof-luebeck.de

Klassik Altstadt Hotel
Die insgesamt 28 Gästezimmer sind im klassisch-romantischen Stil eingerichtet. Jedes einzelne Zimmer ist einer Lübecker Künstlerpersönlichkeit gewidmet. Im Restaurant sollte man das »Buddenbrookmenü« mit schwerem Plettenpudding kosten.
Fischergrube 52, Tel. 04 51/70 29 80, www.klassik-altstadt-hotel.de

Altstädte von Stralsund und Wismar

🛈 Website der UNESCO-Welterbestätte
www.stralsund-wismar.de

🛈 Tourismuszentrale der Hansestadt Stralsund
Stralsund, Alter Markt 9, Tel. 038 31/246 90, www.stralsundtourismus.de, Anfang Mai–Ende Sept. Mo–Fr 10–18, Sa/So 10–16 Uhr, Anfang Okt.–Ende April Mo–Fr 10–18 Uhr, Sa 10–16 Uhr, Stadt- und Industrieführungen.

🛈 Tourist-Information Wismar
Wismar, Am Markt 11, Tel. 038 41/251 30 25, www.wismar.de tgl. 9–18 Uhr (Jan.–März So 10–16 Uhr), Öffentliche Stadtführungen: Karfreitag bis Ende Okt. tgl. 10.30 Uhr, So und Feiertage 14 Uhr.

☒ Wulflamstuben
Die Wulflamstuben sind im historischen Wulflamhaus (14. Jh.) untergebracht. Aus der Küche des Gasthofes kommen vor allem deftige und rustikale Gerichte.
Stralsund, Alter Markt 5, Tel. 038 31/29 15 33, tgl. ab 11 Uhr.

☒ Alter Schwede
Das gotische Giebelhaus mit seinem markanten Treppengiebel ist das älteste Bürgerhaus der Stadt. Bereits im Jahr 1878 wurde hier eine Gaststätte eröffnet.
Wismar, Am Markt 20, Tel. 038 41/28 35 52, www.alter-schwede-wismar.de

☒ Fischrestaurant Seehase
Eines der besten Fischrestaurants der Region mit akzeptablen Preisen.
Wismar, Altböterstr. 6, Tel. 038 41/28 21 34.

Hotel zur Post
Das Vier-Sterne-Hotel zählt zu den besten Hotels Stralsunds und liegt direkt im Altstadtkern, nahe der Kirche St. Marien. Es stehen über 100 Komfortzimmer sowie verschiedene Appartements zur Verfügung.
Stralsund, Tribseerstr. 22, Tel. 038 31/20 05 00, www.hotel-zur-post-stralsund.de

Hotel Alter Speicher
Das Hotel befindet sich – nomen est omen – in einem alten Renaissance-Speicher im Zentrum der Hansestadt Wismar.
Wismar, Bohrstr. 12, Tel. 038 41/21 17 46, www.hotel-alter-speicher.de

Rathaus und Roland in Bremen

🛈 Tourist-Informationen Obernstraße 1/ Hauptbahnhof
Bremen, Tel. 018 05/10 10 30, www.bremen-tourism.de, Obernstraße: Mo–Fr 10–18 Uhr, Sa–So 10–16 Uhr, Hbf: Mo–Fr 9–19 Uhr, Sa–So 9.30 bis 18 Uhr,

🛈 BTZ Bremen Touristik-Zentrale
Findorffstr. 105, Tel. 018 05/10 10 30, www.bremen-tourism.de, Rathausführungen: Mo–Sa 11, 12, 15, 16 Uhr, So 11, 12 Uhr.

☒ à point
Gute mediterrane Küche in den altehrwürdigen Räumen der Bremer Handelskammer. Sehr zu empfehlen, wenn man südländische Köstlichkeiten probieren möchte.
Am Markt 13, Tel. 04 21/364 84 58, www.stefanmadaus.de, Mo–Fr 12 bis 15.30 Uhr.

☒ Alte Gilde
Gemütlich speist man hier in den alten Kellergewölben. Neben dem stilvollen Ambiente sollte man auch die gutbürgerliche Küche zu schätzen wissen.
Ansgaritorstr. 24, Tel. 04 21/17 17 12, www.restaurant-alte-gilde.de, Mo–Sa 11–23 Uhr.

☒ l'Orchidée
In Ratskellern serviert man üblicherweise traditionell. Nicht so in Bremen. Im l'Orchidée verwöhnen exotische Spezialitäten wie »Bärlauch-Polenta« oder »Hummer-Lasagne« und erlesene Weine die Gourmet-Gaumen.

Obere Bildleiste, von links: Park Hotel in Bremen; Restaurant l'Orchidée, Bremen; Restaurant Wullenwever, Lübeck; Die Butterhanne, Goslar; Alter Schwede, Wismar.

[i] Info
[Haus] Übernachten
[X] Essen & Trinken

Am Markt, Tel. 04 21/334 79 27, www.ratskeller-bremen.de, Di–Sa ab 18.30 Uhr.

ATLANTIC Hotel Universum
Das Haus mit 150 komfortablen Zimmern präsentiert sich in futuristischer Architektur und ist einer der modernsten Tagungsorte der Stadt.
Wiener Str. 4, Tel. 04 21/246 75 55, www.atlantic-hotels.de

Lichtsinn
Ein kleines Haus, in dem man sich für einen Kurzurlaub in der Hansestadt sehr wohl fühlt.
Rembertistr. 11, Tel. 04 21/36 80 70, www.hotel-lichtsinn.de

Park Hotel Bremen
Es gilt als das beste Hotel in Bremen: ein Landsitz am Hollersee mit schönen Zimmern und einem hervorragenden Restaurant.
Im Bürgerpark, Tel. 04 21/340 80, www.park-hotel-bremen.de

Dom und Michaeliskirche in Hildesheim

Touristinformation
Hildesheim, Rathausstr. 20, Tel. 051 21/17 98-0, Mo–Fr 8.30 bis 18, Sa 8.30–15.30 Uhr, www.welterbe-hildesheim.de, www.hildesheim.de; Aufgrund Restaurierungsarbeiten in mehreren Bauphasen ist die Michaeliskirche bis 2010 nur mit Einschränkungen zu besichtigen. Auskünfte erteilt die Kirchengemeinde: Tel. 051 21/344 10.

Galgenberg Restaurant
Nach einem Spaziergang lädt dieses gemütliche Waldrestaurant mit Biergarten zum Einkehren ein. Hier wird Kulinarisches der gutbürgerlichen Küche serviert. Zu den Spezialitäten des Hauses gehören Wildschwein- und Lammbraten.
Galgenberg 2, Tel. 051 21/328 75.

Berghotel Brockenblick
Das Berghotel liegt mitten im Wald auf dem Höhenrücken des Spitzhutes, einem Gipfel des Galgenberges. Im Restaurant des Hotels serviert man deftige Gerichte, Spezialitäten sind Wildgerichte nach der Saison.
Am Brockenblick 1, Tel. 051 21/345 85, www.hotel-brockenblick.de

Goslar

Tourist-Information
Goslar, Markt 7, Tel. 053 21/780 60, www.goslar.de, April–Okt. Mo–Fr 9.15 bis 18, Sa 9.30–16, So 9.30–14 Uhr, Nov. bis März Mo–Fr 9.15–17, Sa 9.30–14 Uhr, Stadtführungen.

Kaiserpfalz
Goslar , Kaiserbleek 6, Tel. 053 21/311 96 93, www.goslar.de/museen/kaiserpfalz, April–Okt. 10–17 Uhr, Nov.–März 10–16 Uhr.

Rammelsberg
Goslar, Museum und Besucherbergwerk, Bergtal 19, Tel. 053 21/7501 22, www.rammelsberg.de, tgl. 9–18 Uhr. Abendführungen auf Anfrage.

Die Butterhanne
Direkt im Zentrum von Goslar ist dieses historische Wirts- und Brauhaus in einem rund 500 Jahre alten Gildehaus der Filzhutmacher untergebracht. Die Wandgemälde in den Gasträumen erzählen freche und spannende Geschichten von diesem alten Handwerk. Serviert wird Gutbürgerliches, Harzer Wildgerichte sowie ausgesuchte Steakspezialitäten vom Grill.
Marktkirchhof 3, Tel. 053 21/228 86, www.butterhanne.de, Küche tgl. ab 11 Uhr, Frühstück ab 8.30 Uhr.

Worthmühle
Die Worthmühle, gegenüber dem Museum, ist bekannt für ihre Fleischgerichte, seien es Spezialitäten vom Wild aus den Wäldern der Region oder Bio-Fleisch vom Harzer Roten Höhenvieh, Harzer Weidelamm oder Harzer Landschwein. Ein besonderer Genuss ist außerdem frisch gezapftes Gosebier, eine Weizenbierspezialität aus Goslar.
Worthstr. 4, Tel. 053 21/434 02, www.worthmuehle.de

Hotel Zur Alten Münze
In dem Haus, in dem einst Münzen geprägt wurden, können Sie heute einen unvergesslichen Aufenthalt in historischen Mauern verbringen. Das Hotel ist im Altstadtkern zentral und gleichzeitig auch ruhig gelegen, sodass man bequem zu Fuß die Sehenswürdigkeiten Goslars erreichen kann.
Münzstr. 10, Tel. 053 21/225 46, www.hotel-muenze.de

Blick in die Schiffergesellschaft in Lübeck.

Quedlinburg

Stadtführungen
Quedlinburg, Markt 2, Tel. 039 46/90 56 24, www.quedlinburg.de, Mitte April–Mitte Okt. Mo–Fr 9.30–18.30, Sa 9.30 bis 16, So 9.30–15 Uhr, Mitte Okt.–Mitte April Mo–Fr 9.30–17, Sa 9.30 bis 14 Uhr, Stadtführungen, Rathausführungen, Stadtrundgang mit Nachtwächter, Themenführungen.

Kartoffelhaus No. 1
Auf der Speisekarte des rustikal und gemütlich eingerichteten Restaurants findet man (fast) alles rund um die Kartoffel, ob in Folie, als Auflauf oder als Suppe. Darüber hinaus gibt es zahlreiche Fleischgerichte.
Breite Str. 37, Tel. 039 46/70 83 34, tgl. 11-24 Uhr.

Hotel Zum Brauhaus
Das Hotel ist zentral und ruhig zwischen Marktplatz und Schlossberg gelegen. Die Gebäude der bereits 1807 gegründeten Brauerei wurden 1992 umgebaut. In der Wirtschaft genießt man in rustikaler Atmosphäre deftige Speisen und Frischgebrautes.
Carl-Ritter-Str. 1, Tel. 039 46/90 14 81, www.hotel-brauhaus-luedde.de

Bauhausstätten in Dessau und Weimar

Tourist-Information Dessau- Roßlau
Dessau-Roßlau, Zerbster Str. 2c, Tel. 03 40/204 14 42, www.dessau.de, April–Okt. Mo–Fr 9–18, Sa 9–13 Uhr, Nov.–März Mo–Fr 9–17, Sa 10–13 Uhr, Architekturführung Bauhausgebäude, Kurzführungen Stiftung Bauhaus Dessau, Architekturführung Meisterhäuser, Architekturführung Stahlhaus und Siedlung Dessau-Törten

Tourist-Information Weimar
Weimar, Markt 10 und Welcome-Center Friedensstr. 1, Tel. 036 43/74 50, www.weimar.de, Markt 10: April–Okt. Mo–Sa 9.30–19, So und Feiertage 9.30 bis 15 Uhr, Nov.–März Mo–Fr 9.30–18, Sa, So und Feiertage 9.30–14 Uhr, Welcome-Center: Mo–Sa 10–18 Uhr, Stadtführungen, thematische Stadtführungen.

Restaurant Kornhaus
Vom Gästeraum, des 1930 im Bauhausstil errichteten Hauses, hat man einen schönen Ausblick auf die Elbe. Wie die Außenarchitektur ist auch die Inneneinrichtung (inkl. Geschirr) dem Bauhausstil nachempfunden. In der Speisekarte des Restaurants finden sich regionale und internationale Gerichte.
Dessau,Kornhausstr. 4, Tel. 03 40/640 41 41, www.kornhaus.de

Gartenreich Dessau-Wörlitz

Kulturstiftung Dessau-Wörlitz
Dessau-Roßlau, Schloss Großkühnau, Tel. 03 40/64 61 50, www.gartenreich.de, ganzjährig geöffnet, Gondel- und Fährfahrten, Ausstellungen.

Ringhotel Zum Stein
Stilvoll rustikal und gemütlich eingerichtet ist dieses Hotel im Osten der Stadt. Zum Relaxen nach stundenlangem Wandern im Wörlitzer Gartenreich stehen dem Gast eine römische Badelandschaft sowie bequeme Liegen zur Verfügung. Das Hotelrestaurant bietet regionale und saisonal orientierte Küche.

Reminiszenz an die große Zeit der Grandhotels: die Eingangshalle des Hotel Adlon.

Erdmannsdorffstr. 228,
Tel. 03 49 05/500,
www.hotel-zum-stein.de

Eisleben, Wittenberg: Luthergedenkstätten

Tourist-Information Eisleben
Eisleben, Hallesche Str. 4,
Tel. 034 75/60 21 24, www.eisleben.de,
Mo, Mi, Do, Fr 10–17, Di 10–18, Sa 10 bis 13 Uhr, Stadt- bzw. Nachtführungen.

Wittenberg Information
Wittenberg, Schlossplatz 2,
Tel. 034 91/49 86 10,
www.wittenberg.de,
Jan.–März Mo–Fr 10–16, Sa 10–14, So 11–15 Uhr (Jan./Feb. Sa/So geschl.), April–Okt. Mo–Fr 9–18.30, Sa/So 10 bis 16 Uhr, thematische Führungen.

Stiftung Luthergedenkstätten
Wittenberg,
Collegienstr. 54,
Tel. 034 91/420 30,
www.martinluther.de

Hotel Alter Simpel
Das kleine und günstige Hotel liegt mitten im Zentrum und nahe dem Marktplatz der Lutherstadt Eisleben.
Eisleben, Glockenstr. 7,
Tel. 034 75/69 65 07,
www.hotelaltersimpel-eisleben.de

Hotel an der Klosterpforte
Vor den Toren von Eisleben bietet dieses Drei-Sterne-Hotel die Ruhe des direkt angrenzenden Klosters St. Marien zu Helfta, das im 13. Jahrhundert von Nonnen des Zisterzienserordens gegründet wurde. Im Restaurant des Hotels wird internationale Küche und süffiges, frisch gezapftes Klosterbier aus eigener Herstellung serviert.
Eisleben, Lindenstr. 34,
Tel. 034 75/714 40,
www.klosterpforte.com

Brauhaus Wittenberg
Das Brauhaus in Lutherstadt Wittenberg ist Restaurant und Hotel zugleich und befindet sich in einem wunderschönen Innenhof aus dem 16. Jahrhundert, dem Beyerhof. Namensgeber des Hofes war Christian Beyer, ein Zeitgenosse und Freund Martin Luthers. Das süffige Bier aus Eigenproduktion trinkt man bei schönem Wetter am besten im Freien und genießt das mittelalterliche Ambiente
Wittenberg, Markt 6,
Tel. 034 91/43 31 30,
www.brauhaus-wittenberg.de

Potsdam und Berlin: Schlösser und Parks

Besucherzentrum Stiftung Preußische Schlösser und Gärten
Potsdam, An der Orangerie 1,
Tel. 03 31/969 42 02,
www.spsg.de,
März–Okt. 8.30 bis 17 Uhr,
Nov.–Feb. 9–16 Uhr.

Tourist-Information
Potsdam, Branderburger Str. 3,
Tel. 03 31/27 55 80,
www.potsdam.de, April–Okt Mo bis Fr 9.30–18, Sa, So, Feiertage 9.30–16 Uhr, Nov.–März Mo–Fr 10–18, Sa, So, Feiertage 9.30 bis 14 Uhr.

Berlin Infostore
Im Hauptbahnhof, www.berlin-tourist-information.de,
tgl. 8–22 Uhr.

Museumsinsel Berlin

Information Museumsinsel Berlin
Berlin, Bodestr. 1–3,
Tel. 030/20 90-55 77,
www.museumsinsel-berlin.de

Information Staatliche Museen zu Berlin
Berlin, Genthiner Str. 38,
Tel. 030/266 36 66,
www.smb.museum.de

Siedlungen der Berliner Moderne

Senatsverwaltung für Stadtentwicklung
Berlin, Württembergische Str. 6,
Tel. 030/901 20, www.stadtentwicklung.berlin.de/denkmal/denkmale_in_berlin/de/weltkulturerbe

Café Einstein
Café, Restaurant und Cocktailbar, in dem Politiker ein- und ausgehen und im Hinterzimmer an weiß gedeckten Tischen plauschen. Man kann auch mitten auf dem Grünstreifen sitzen.
Unter den Linden 42,
Tel. 030/204 36 32, www.einsteinudl.de, tgl. 7–24 Uhr.

Obere Bildleiste, von links: Hotelbar im Regent, Berlin; Operncafé, Berlin; Schlosshotel im Grunewald, Berlin; Café Einstein, Berlin; Innenhof der Wartburg.

i Info
Übernachten
☒ Essen & Trinken

☒ Kasbah
Bestickte Seidenkissen, Messinglampen und Rosenduft, Letzterer stammt vom Rosenwasser, mit dem erst einmal die Hände gereinigt werden, bevor der Genuss arabischer Speisen beginnt. Eintöpfe und Couscous-Variationen – man kann sich wie in Marokko fühlen.
Gipsstr. 2, Tel. 030/27 59 43 61, www.kasbah-berlin.de, Di–So 18–24 Uhr.

☒ Lutter & Wegner
E. T. A. Hoffmann wohnte gegenüber am Gendarmenmarkt und soll hier manche Nacht zechend verbracht haben. Der Begriff Sekt soll ebenfalls hier erfunden worden sein. Die Küche verrät österreichischen Einfluss.
Charlottenstr. 56, Tel. 030/202 95 40, www.lutter-wegner-gendarmenmarkt.de, tgl. 11–2 Uhr.

☒ Namaskar
Die raffinierte Küche hat schon der Gault Millau gewürdigt, auch sonst ist das stilvolle indische Restaurant ein besonderes Erlebnis.
Pariser Str. 56, Tel. 030/88 68 06 48, www.restaurantnamaskar.de, Di bis So 12–24, Mo 17–24 Uhr.

☒ Operncafé
Das Kuchenbuffet ist sagenhaft und nichts für Entscheidungsschwache, denn man muss aus mindestens 40 verschiedenen Sorten wählen. Auf der Terrasse sitzt man im Sommer behaglicher, denn spätestens am Nachmittag wird es sehr voll.
Unter den Linden 5, Tel. 030/20 26 83, www.opernpalais.de, tgl. 8–24 Uhr.

Adlon Kempinski
Ein Luxushotel der Extraklasse und eines der bekanntesten Hotels in Deutschland. Das Adlon, eine der ersten Adressen Berlins, liegt direkt am Pariser Platz.
Unter den Linden 77, Tel. 030/226 10, www.hotel-adlon.de

Art'otel
Wenige Minuten vom Zentrum und nah beim Museumshafen liegt das schöne Haus (16. Jh.). An den Wänden des Rokokosaales hängen Originale von Georg Baselitz, die deutschlandweit größte Ausstellung des Malers.
Wallstr. 70–73, Tel. 030/24 06 20, www.artotel.de

Grand Hotel Esplanade
Komfortzimmer, Studios und Suiten. In den Umfragen immer wieder als eines der besten deutschen und europäischen Hotels gekürt. Mannigfaltige Gastronomie und als Krönung ein hoteleigenes Restaurantschiff.
Lützowufer 15, Tel. 030/254 78 82 55, www.esplanade.de

Brandenburger Hof
Unweit des Kurfüstendamms gelegenes Fünfsternehaus mit ausgezeichnetem Restaurant und schönem japanischen Innenhof.
Eislebener Str. 14, Tel. 030/2140 50, www.brandenburger-hof.com

Ritz-Carlton
Außen New York, innen Art-déco-Glitzer und im Frühstücksraum Frankreich – die Möbel der Brasserie standen einst im französischen Mâcon. Gäste dürfen den Bade-Butler in Anspruch nehmen, der für ein wohltemperiertes und duftendes Bad sorgt. Wer hier nächtigt, kann mit prominenten Zimmernachbarn rechnen, nicht nur während der Berlinale.
Potsdamer Platz 3, Tel. 030/33 77 77, www.ritzcarlton.com

Schlosshotel im Grunewald
Keine fünf Kilometer vom Kurfürstendamm entfernt und im Villenviertel Grunewald liegt das romantische Palais, dessen Zimmer unter Leitung von Karl Lagerfeld gestaltet wurden. Wer sich in diesem Fünf-Sterne-Hotel einmietet, kann wie die Deutsche Fußballnationalmannschaft während der Weltmeisterschaft 2006 im holzgetäfelten Gourmet-Restaurant Vivaldi speisen und die Abende in der Open Air Catalina-Bar genießen.
Brahmsstr. 10, Tel. 030/89 58 40, www.schlosshotelberlin.com

The Regent Berlin
Exquisites Fünf-Sterne-Haus (ehemals »Four Seasons«) beim Gendarmenmarkt mit allem Komfort und exzellenter Küche. Laut Fachpresse eines der besten Hotels der Welt.
Charlottenstr. 49, Tel. 030/203 38, www.theregentberlin.com

Wartburg

i Wartburg-Stiftung
Eisenach, Auf der Wartburg 1, Tel. 036 91/25 00, www.wartburg.de, März–Okt. tgl. 8.30–17 Uhr, Nov.–Feb. tgl. 9–15.30 Uhr.

[i] Info
[Haus] Übernachten
[x] Essen & Trinken

Obere Bildleiste, von links: Schlosshotel Pillnitz bei Nacht; Blick in die Landgrafenstube, Hotel auf der Wartburg.

Tourist-Information
Eisenach, Markt 9, Tel. 036 91/792 30, www.eisenach.de, Mo–Fr 10–18, Sa 10 bis 16 Uhr (April–Okt. So 10–16 Uhr).

Hotel auf der Wartburg
Das Fünf-Sterne-Hotel, in unmittelbarer Nähe zur Wartburg, entstand als geräumiger, stilistisch angepasster Neubau des »Gasthofes für fröhliche Leut«. Von den Zimmern hat man, je nach Lage, einen wunderschönen Ausblick auf den Thüringer Wald, die Wartburg oder die Stadt Eisenach.
Auf der Wartburg, Tel. 036 91/79 70, www.wartburghotel.de

Klassisches Weimar

Tourist-Information
Weimar, Friedensstr. 1, Tel. 036 43/7450, April–Okt. Mo–Sa 9.30–19, So und Feiertage 9.30–15 Uhr, Nov.–März Mo–Fr 9.30–18, Sa, So und Feiertage 9.30 bis 14 Uhr.

Welcome Center
www.weimar.de, Mo–Sa 10–18 Uhr, thematische Führungen.

Residenz Cafe & Restaurant
Das älteste, noch bestehende Kaffeehaus Weimars wurde 1839 gegründet und ist seit 2006 auch ein kleines Hotel. Das »Goethe-Zimmer« gehörte einst zu einem angrenzenden Gebäude, in dem Goethe seine erste Wohnung in Weimar hatte (1776/77).
Grüner Markt 4, Tel. 036 43/594 08, www.residenz-cafe.de

Dresdner Elbtal

Tourist-Information Prager Straße
Dresden, Prager Str. 2, Tel. 03 51/49 19 21 00, Mo-Sa 10–19 Uhr.

Tourist-Information am Theaterplatz
Dresden, Tel. 03 51/49 19 21 00, www.dresden.de, Mo–Do 10–18, Fr 10–19, Sa/So 10–17 Uhr.

Besucher-Zentrum Alte Wache
Dresden, Schloss Pillnitz, Tel. 03 51/261 32 60, www.schloesser-dresden.de, Mai–Okt. 9–18 Uhr, Nov.–April 10–16 Uhr, Parkführungen.

Alte Meister
Dieses Haus präsentiert sich am Tag als Museumscafe der Galerie Alte Meister und verwandelt sich am Abend in ein Gourmetrestaurant mit mediterran angehauchter Küche.
Theaterplatz 1a, Tel. 03 51/481 04 26, www.altemeister.net, tgl. 10–1 Uhr.

Ball- und Brauhaus Watzke
Für das naturtrübe Dresdner Stadtbier aus der Hausbrauerei und seine Tanzveranstaltungen ist das Haus bekannt. So erwacht im historischen Ballsaal die alte Dresdner Balltradition zu neuem Leben. Wer es ruhiger mag, der genießt im Sommer im Biergarten mit Elbblick ein frisch Gezapftes und dazu Hausmannskost.
Kötzschenbroder Str. 1, Tel. 03 51/85 29 20, www.watzke.de, tgl. 11–24 Uhr.

Hotel Am Blauen Wunder
Das Drei-Sterne-Hotel liegt im historischen Villenstadtteil Dresden-Blasewitz, unweit der Elbhänge und der bekannten Brücke »Blaues Wunder«, welche dem Haus seinen Namen gab.
Loschwitzer Str. 48, Tel. 03 51/336 60, www.hotel-am-blauen-wunder.de

Schlosshotel Pillnitz
Italienisches Flair und familiäre Atmosphäre erwarten den Gast im Vier-Sterne-Hotel, das sich in der Schlossanlage Dresden-Pillnitz befindet, der malerischen ehemaligen Sommerresidenz der sächsischen Könige.
August-Böckstiegel-Str. 10, Tel. 03 51/261 40, www.schlosshotel-pillnitz.de

Muskauer Park

Tourismuszentrum
Bad Muskau, Neues Schloss, Tel. 03 57 71/631 00, www.muskauer-park.de, April–Okt. 10–18 Uhr, Nov.–März 10–17 Uhr, Parkführungen, Bootstouren, Fahrradverleih, Kutschfahrten.

Gaststätte Am Wasserturm
Der etwa 100 Jahre alte Wasserturm von Bad Muskau sowie das angrenzende Gebäude werden seit 1994 als Gaststätte genutzt. Direkt um die Ecke befinden sich der Muskauer Park, der Kromlauer Park und der Findlingspark.
Schützenstr. 1, Tel. 03 57 71/689 40, www.wasserturm-badmuskau.de

Zeche Zollverein in Essen

Besucherzentrum
Essen, Gelsenkirchener Str. 181, Tel. 02 01/83 03 60, www.zollverein.de, April–Okt. Mo–Fr 10–19 Uhr, Nov.–März Mo–Do 10–17, Fr 10-19 Uhr, Führungen rund um die Kokerei, Übernachten unter dem Förderturm.

Ruhrmuseum
Gelsenkirchener Str. 181, Tel. 02 01/8 84 52 00, www.ruhrmuseum.de, Wechselausstellungen.

Kiepenkerl zu Essen
Im Restaurant des Kiepenkerls genießt der Gast in ländlich-elegantem Ambiente leckere Hausmannskost oder raffinierte Kleinigkeiten und Spezialitäten, die Region und Saison zu bieten haben.
Teichstr. 1, Tel. 02 01/23 66 77, www.kiepenkerl-zu-essen.de

Restaurant Hülsmannshof
Im Süden Essens auf der Margarethenhöhe ist dieses Speiselokal in einem Fachwerkhaus aus dem 19. Jahrhundert untergebracht. Da sich das Haus direkt an einem Wald befindet, kehren im Sommer auch viele Spaziergänger in den Biergarten ein, der zum Hotel gehört.
Lehnsgrund 14a, Tel. 02 01/87 12 50, www.huelsmannshof.de, tgl. 11–24 Uhr.

Hotel Essener Hof
Das Vier-Sterne-Hotel liegt praktisch im Zentrum der Innenstadt, gleich beim Hauptbahnhof, und ist daher bequem mit Bahn oder Auto erreichbar.
Am Handelshof 5, Tel. 02 01/242 50, www.essener-hof.com

Kölner Dom

Dom und Domführungen
Köln, Tel. 02 21/179 40-5 55, www.koelner-dom.de, Mo–So 6 bis 9.30 Uhr, während des Gottesdienstes ist eine Besichtigung des Doms nicht möglich; Schatzkammer: Jan.–Dez. Mo–So 10–18 Uhr, Turmbesteigung: Jan.–Febr. 9–16 Uhr, März–April 9–17 Uhr, Mai bis Sept. 9–18 Uhr, Okt. 9–17 Uhr, Nov.–Dez. 9–16 Uhr.

Ausschank Pfaffen Brauerei Max Päffgen
Gut besuchtes Traditionshaus. Bei schönem Wetter lädt der Biergarten hinter dem Lokal zu einem geselligen Aufenthalt ein.
Heumarkt 62, Tel. 02 21/257 77 65, www.max-paeffgen.de, Di–So 11–0.30 Uhr.

La Vision im Wasserturm
Im 11. Stock des 130 Jahre alten, einst höchsten Wasserturms von Europa findet sich über einem der außergewöhnlichsten Hotels der Stadt ein ebenso exklusives Restaurant. Auf nobel gedeckten Tischen werden hier Kreationen serviert, die mit einem Michelinstern prämiert wurden.
Kaygasse 2, Tel. 02 21/200 80, www.hotel-im-wasserturm.de, Di–Sa 12–14.30 Uhr, 19–22 Uhr.

Restaurant Dieter Müller
Schloss Lerbach beherbergt nicht nur eines der besten Luxushotels Deutschlands, sondern wartet zudem mit einem renommierten Gourmetrestaurant auf. Drei-Sterne Koch Dieter Müller präsentiert hier Luxusküche pur. Unvergleichbar ist das Amuse-bouche-Menü, in dem nicht weniger als sage und schreibe 19 Gerichte in fünf Gängen serviert werden.

Ich gläuve
Ich glaube.
Sandra Dix, Köln, glaubt an das Wunder absoluter Ausgeglichenheit und die Wirkung von 4711.
4711. Das Wunderwasser.
ECHT KÖLNISCH WASSER
ORIGINAL EAU DE COLOGNE
4711
Eau de Cologne & Parfümerie-Fabrik
"GLOCKENGASSE Nº 4711"
KÖLN a. RH./ COLOGNE

Bergisch Gladbach, Schloss Lerbach, Lerbacher Weg, Tel. 022 02/20 40, www.schlosshotel-lerbach.com, Di–Sa 12–14 Uhr, 19–22 Uhr.

Rheinterrassen
Nach jahrzehntelangem Leerstand wurden die Gebäude im Jahr 1999 wieder in Betrieb genommen. Vom Gastraum innen kann man durch große Gucklöcher das Rheinpanorama genießen, draußen im gemütlichen Biergarten ist man Fluss und Natur ganz nah.
Rheinparkweg 1, Tel. 02 21/65 00 43 21, www.rhein-terrassen.de, Mo–Sa 18–1 Uhr, So 12–1 Uhr, Küche bis 23 Uhr.

Ambassador Hotel
Das Ambassador Hotel zählt zu Kölns renommiertesten Hotels. Durch seine zentrale Lage am Barbarossaplatz eignet es sich besonders gut für Geschäftsreisende.
Barbarossaplatz 4a, Tel. 02 21/921 52 00, www.ambassador.de

Brennerscher Hof
Wie eine Oase der Ruhe liegt dieses im Landhausstil gebaute Hotel, das sich im westlichen Kölner Vorort Junkersdorf befindet.
Wilhelm-von-Capitaine-Str. 15–17, Tel. 02 21/948 60 00, www.brennerscher-hof.de

Domhotel
Das traditionelle, elegante und fünfstöckige Haus in prominenter Lage neben dem Dom bietet höchsten Komfort in edler Einrichtung.
Domkloster 2a, Tel. 02 21/ 02 40, www.domhotel.de

Excelsior Ernst
In einem der besten Hotels am Ort wachen die Gäste seit 140 Jahren mit Blick auf den Kölner Dom auf. Das Luxushotel wartet mit edlen Materialen und kostbaren Antiquitäten auf. Hier herrscht Luxus pur im Schatten der mächtigen Domtürme.
Trankgasse 1–5, Tel. 02 21/27 01, www.excelsiorhotelernst.de

Hotel Viktoria
In einem der schönsten klassizistischen Baudenkmäler Kölns hat dieses gediegene Hotel seinen Sitz. Zur edlen und geschmackvollen Inneneinrichtung gehören neben Marmorwänden, Säulen und Bettnischen auch kunstvolle Stuckarbeiten an den Decken und Wänden.
Worringer Str. 23, Tel. 02 21/973 17 20, www.hotelviktoria.com

Obere Bildleiste, von links: Restaurant Müller auf Schloss Lerbach; die nächtlich beleuchtete Fassade von Hotel Excelsior Ernst; Wintergarten im Excelsior Ernst; Brennerscher Hof; im Garten von Hotel Ling Bao, Brühl.

[i] Info
[Haus] Übernachten
[X] Essen & Trinken

Brühl: Schloss Augustusburg und Falkenlust

[i] Schlossbesichtigungen

Brühl, Schlossstr. 5, Tel. 022 32/440 00 und Tel. 022 32/9 44 31 17, www.schlossbruehl.de, Di–Fr 9 bis 12, 13.30–16, Sa, So, Feiertage 10–17 Uhr. Eine Besichtigung von Schloss Augustusburg ist nur im Rahmen einer Führung möglich. Die Besichtigung von Schloss Falkenlust kann ohne Führung erfolgen.

[Haus] Hotel Ling Bao

Das Vier-Sterne-Hotel Ling Bao im Phantasialand in Brühl ist einem chinesischen Palastgebäude nachempfunden. Die Zimmer sind komfortabel und die Suiten bieten viel Platz. Im Restaurant ist das »Live-Wok-Abendessen« ein Erlebnis: Von einem Büfett wählt man die gewünschten Speisen und Zutaten aus und gibt sie anschließend dem Koch, der dann daraus ein leckeres Mahl vor den Augen des Gastes zubereitet.
Berggeiststr. 31–41, Tel. 022 32/36 94 10, www.hotellingbao.de

Aachener Dom

[i] Dom und Domführungen

Aachen, Klosterplatz, Tel. 02 41/47 70 90, www.aachendom.de, April-Okt. 7–19 Uhr, Nov.–März 7–18 Uhr. Eine Besichtigung während der Gottesdienste ist nicht möglich, d. h. Besichtigungen Mo–Fr ab 11 Uhr, Sa und So ab 12.30 Uhr. Domführungen, Schatzkammerführungen.

[X] Kaffee- und Weinstuben van den Daele

Das traditionsreiche Cafè an der Ecke Körbergasse-Büchel ist auch unter dem Namen »Alt Aachener Kaffeestuben« oder »Printenhaus« bekannt. Letzterer geht auf den Gründer, Leo van den Daele, zurück, dem man den Beinamen »Printenbaron« gab. Am Eingang des Hauses (17. Jh.) steht das Printenmädchen.
Büchel 18, Tel. 02 41/357 24, www.van-den-daele.de, Mo–Sa 9–19, So 11–18.30 Uhr.

[X] Ratskeller Aachen

Gehobene Küche kann man im Ratskeller von Aachen genießen. Seine historische Kulisse ist ideal für einen schönen Abend oder ein gepflegtes Mittagessen.
Markt 40, Tel. 02 41/350 01, tgl. 12–15 und ab 18 Uhr.

[Haus] Brülls am Dom

Mitten im Herzen der Altstadt, zwischen Dom, Krämerstraße und Hühnermarkt, liegt das familiengeführte Hotel in einem historischen Gebäude.
Rommelsgasse 2–3, Tel. 02 41/317 04, www.aachen-kraemerstrasse.de/bruells

Oberes Mittelrheintal

[i] Loreley-Besucherzentrum

St. Goarshausen, Rheinland-Touristik Tal der Loreley, Tel. 067 71/59 90 93, www.welterbe-mittelrheintal.de

[i] Zweckverband Welterbe Oberes Mittelrheintal

Wellmicher Str. 25, Tel. 067 71/59 94 45, www.welterbe-oberes-mittelrheinthal.de, Rhein-Burgen-Wanderweg, Radwandern, Rheinschifffahrt.

[X] Cafe Restaurant Rheinpavillon

Das Cafe Restaurant befindet sich unmittelbar an der KD-Anlegestelle in St. Goarshausen und bietet einen herrlichen Blick auf dem Rhein. Bei einem Ausflug in eine der schönsten Ecken des Rheintals kann man hier schön einkehren, sowohl zu Kaffee und Kuchen als auch für ein deftiges Mittagessen.
Professor-Müller-Str. 1, Tel. 067 71/95 12 20, http://rheinpavillon.loreleyinfo.de, April–Okt. tgl. ab 10 Uhr (Mo 10–18 Uhr).

Trier

[i] Tourist-Information

Trier, An der Porta Nigra, Tel. 06 51/97 80 80, www.trier.de.de, 2. Jan.–28. Febr. Mo–Sa 10–17, So 10–13 Uhr, 1. März–30. April Mo–Sa 9–18, So 10–15 Uhr, 1. Mai–31. Okt. Mo–Do 9–18, Fr, Sa 9–19, So 10–17 Uhr, 1. Nov.–30. Dez. Mo–Sa 9–18, So 10–15 Uhr, 24. und 31. Dez. 10–13 Uhr, 1. und 2. Weihnachtsfeiertag sowie Neujahr geschlossen; Porta Nigra: www.welterbe-trier.de, April–Sept. 9–18 Uhr, Okt.–März 9–17 Uhr, Nov.–Febr. 9–16 Uhr; diverse Erlebnisführungen: Der Gladiator

Obere Bildleiste, von links: Hotel Domhof in Speyer; Orangerie im Parkhotel Albrecht, Völklingen.

Valerius, Leben und Sterben im Amphitheater, Verrat in den Kaiserthermen, Das Geheimnis der Porta Nigra.

Bagatelle
Das Bagatelle liegt im alten Fischerviertel von Trier, wo der malerische Moseluferweg vorbeiführt, und ist vor allem im Sommer einen Besuch wert. Von der überdachten Terrasse hat man einen herrlichen Ausblick auf die Mosel und die Umgebung.
Zurlaubener Ufer 78, Tel. 06 51/297 22, www.bagatelle-trier.com, tgl. 11.45–14.15 Uhr und 18–22.15 Uhr.

Hotel Petrisberg
Dieses Berghotel liegt am südlichen Höhenrand des Trierer Talkessels, zwischen Weinbergen, Wiesen und Wäldern. Von hier hat man einen wunderschönen Ausblick auf Trier und die Mosel. Die 35 Nichtraucherzimmer sind individuell eingerichtet, für Familien gibt es auch Appartements im Angebot. Das Hotelrestaurant bietet gutbürgerliche Küche.
Sickingenstr. 11–13, Tel. 06 51/46 40, www.hotel-petrisberg.de

Dom zu Speyer

Dom und Domführungen
Speyer, Kleine Pfaffengasse 16, www.dom-speyer.de, www.welterbe-speyer.de, Tel. 062 32/10 21 18, Nov.–März 9–17 Uhr, April–Okt. 9–19 Uhr, Domführungen.

Backmulde
Das Wein- und Kräuterrestaurant mit angenehmem Ambiente wird von einem mediterran anmutenden Innenhof geradezu perfekt ergänzt. Überzeugend ist die aromen- und kräuterbetonte Küche des Chefs. Die Backmulde bietet übrigens auch Zimmer für Gäste an, die über Nacht bleiben wollen.
Karmeliterstr. 11–13, Tel. 062 32/715 77, www.backmulde.de, Di–So 11.30–14.30 und 19–23.30 Uhr.

Hotel Domhof
Das Hotel Domhof befindet sich im denkmalgeschützten ehemaligen Reichskammergericht, inmitten der Altstadt von Speyer. In der angeschlossenen Hausbrauerei serviert man deftige Pfälzer Spezialitäten, Festtagsmenüs oder Schmankerl aus der deutschen Küche. Dazu genießt man ein frisch gezapftes Domhof-Bier.
Bauhof 3, Tel. 062 32/132 90, www.domhof.de

Völklinger Hütte

Besucher-Service
Völklingen/Saarbrücken, Tel. 068 98/910 01 00, www.voelklinger-huette.de, Mo–Fr 8.30–17 Uhr, Sonder- und Wanderausstellungen, ScienceCenter Ferrodrom, Windmaschine, Aussichtsplattform, Klanginstallation.

Orangerie im Parkhotel Albrecht
In der Orangerie mit angrenzendem Wintergarten wird der Gast mit mediterranen Spezialitäten und Köstlichkeiten verwöhnt. Auch die Weinkarte sowie die Dessertkarte lassen keine Wünsche offen.
Kühlweinstr. 70, Tel. 068 98/91 47 00, www.parkhotel-albrecht.de

Kloster Lorsch

Klosterbesichtigung
Lorsch, Nibelungenstr. 35, Klosterpark Lorsch, Tel. 062 51/103 82-0, www.kloster-lorsch.de, tgl. 10–17 Uhr. Museumszentrum Lorsch, Di–So und Feiertag 10–17 Uhr, Mo geschl.

Wirtshaus Weißes Kreuz
Das Weiße Kreuz ist das älteste der Lorscher Gasthäuser und wurde vermutlich vom Kloster schon vor dem Jahr 1000 erbaut. Man sitzt mit Blick auf das alte Rathaus, die Königshalle und das lebhafte Treiben auf dem Marktplatz. Der Biergarten bietet einen Blick auf das Kloster.
Marktplatz 2, Tel. 062 51/58 66 54, www.weisseskreuz-lorsch.de, Di–So 10–23 Uhr, im Winter Mittagspause 14–17.30 Uhr.

Grube Messel

Wanderungen/Führungen
Messel, Rossdörfer Str. 108, Tel. 061 59/7175 35, www.grube-messel.de Grubenwandertour (2 Stunden), Naturkundliche Wanderung (2 Stunden). Grabungsbeobachtung, Führungen.

Gasthaus Laumann
Weit über die Grenzen Messels hinaus ist das Gasthaus Laumann bekannt für seine Wildspezialitäten. Leckeres aus gutbürgerlicher Küche kommt hier auf den Tisch. Wer nur etwas Kleines mag, nimmt vielleicht Handkäs mit Musik und dazu einen Schoppen Äppelwoi.
Bahnhofstr. 2, Tel. 061 59/260, www.gasthaus-laumann.de, Di–Sa 11.30–14, 17.30–21.30, So 11–14 Uhr.

Klosteranlage Maulbronn

Kloster und Führungen
Maulbronn, Tel. 070 43/92 66 10, www.kloster-maulbronn.de, www.maulbronn.de, 1. Nov. bis 28. Feb. Di–So 9.30–17 Uhr, 1. März–31. Okt. 9–17.30 Uhr, Klostermuseum, Führungen.

Klosterschmiede
Im historischen Restaurant (erbaut 1201) wird der Gast mit saisonaler Küche und Spitzenweinen verwöhnt. Serviert werden schwäbische Genüsse wie Zwiebelrostbraten und Spätzle, Schupfnudeln oder Maultaschen.
Klosterhof 32, Tel. 070 43/400 00, www.klosterschmiede.de, tgl. 11.30 bis 22 Uhr.

BAMBERG
Tourismus & Kongress Service

www.bamberg.info

Bamberg – Ein Gesamtkunstwerk aus zehn Jahrhunderten

Mittelalterliche Gassen, prächtige Plätze, barock verspielte Fassaden und romantisches Flair – Bamberg verzaubert Sie mit einem der größten unversehrt erhaltenen Altstadtensembles Europas, seit 1993 mit dem Welterbe-Siegel geadelt. Erleben Sie dieses urbane Gesamtkunstwerk: kurzweilige Stadtführungen, unsere BierSchmecker®Tour, attraktive Paketreisen und viele Erlebnisangebote. Nutzen Sie die BAMBERGcard zur Entdeckung der lebendigen Kunst- und Kulturstadt.

Welcome Hotel Residenzschloss
Untere Sandstrasse 32 · 96049 Bamberg
Telefon 0951 / 60 91 – 0 · Fax 0951 / 60 91 – 701
www.welcome-hotels.com

Genießen im First Class Ambiente des Hotel Residenzschloss

Runden Sie Ihren Bamberg Besuch mit der Übernachtung im ersten Haus am Platze ab, dem ****sup Welcome Hotel Residenzschloss. Gleich gegenüber der Konzerthalle am Ufer der Regnitz gelegen, entführt Sie das historische Gebäude in die Blütezeit des Barock und sorgt für einen harmonischen Aufenthalt in modernem Komfort: 2 Restaurants mit Café-Terrassen offerieren eine breite Palette internationaler und regionaler Köstlichkeiten, die Bar lädt zum Cocktail oder einem frisch gezapften Bier ein. Aktive Erholung finden Sie im „Residenz Spa" mit Sauna, Dampfbad, Whirlwanne, römischer Liege und Fitnessraum.
You are welcome!

Bamberger Symphoniker – Bayerische Staatsphilharmonie

Untrennbar verbunden mit der Stadt Bamberg ist das musikalische Aushängeschild: Die Bamberger Symphoniker, seit 2003 Bayerische Staatsphilharmonie, tragen als „Der Kulturbotschafter Bayerns in der Welt" den Namen Bambergs in die Musikmetropolen. Große Dirigenten und Solisten haben seit der Gründung 1946 das Orchester geprägt, wie kaum ein anderer deutscher Klangkörper eroberten sich „die Bamberger", wie sie liebevoll genannt werden, die internationalen Konzertpodien. Dies alles wäre jedoch nicht denkbar ohne die feste Verankerung des Orchesters in seiner oberfränkischen Heimat, in Stadt und Region Bamberg. Mehr als 40 Auftritte stehen pro Saison im Joseph-Keilberth-Saal der „Sinfonie an der Regnitz" auf dem Programm, über 6.000 Abonnenten besuchen die Konzerte „ihres" Orchesters – bei 70.000 Bamberger Einwohnern eine eindrucksvolle Zahl, die weltweit ihresgleichen sucht.

bamberger symphoniker
bayerische staatsphilharmonie

www.bamberger-symphoniker.de

Moderne Eleganz in historischen Räumen: Hotel Residenzschloss in Bamberg.

🛈 Info
🏠 Übernachten
☒ Essen & Trinken

Klosterinsel Reichenau

🛈 Tourist-Information
Reichenau, Pirminstr. 145, Tel. 075 34/920 70, www.reichenau.de Kirchenführungen, thematische Inselführungen, Spaziergänge, Museum Reichenau.

☒ Reichenauer Salatstube
In einem alten Gewächshaus und einem schön überwachsenen Biergarten wird die Vielfalt der Reichenauer Salatgewächse serviert.
Untere Rheinstr. 21, Tel. 075 34/73 39, www.reichenauer-salatstube.de, Mai bis Sept. tgl. 11.30–19.30 Uhr.

🏠 Ganter Hotel Mohren
Dieses Hotel, das direkt am Dorfplatz liegt, besitzt einen großen Wellness-Bereich und sehr gemütlich eingerichtete Zimmer.
Pirminstr. 141, Tel. 075 34/994 40, www.mohren-bodensee.de

Obergermanisch-Rätischer Limes

🛈 Websites zur UNESCO-Welterbestätte
www.welterbe-limes.de, www.limesstrasse.de

☒ Erzgrube
Der Waldgasthof, der auch über einen schönen Biergarten verfügt, liegt oberhalb des Besucherbergwerks »Tiefer Stollen« am Bergbaupfad und diente in früheren Zeiten als Unterkunft der Bergleute.
Aalen, Erzhäusle 9, Tel. 073 61/715 24, tgl. außer Di 10.30-23 Uhr.

Altstadt Bamberg

🛈 Tourismus-Service
Bamberg, Geyerswörthstr. 3, Tel. 09 51/297 62 00, www.bamberg.info, www.stadt.bamberg.de, Mo–Fr 9.30–18, Sa 9.30–14.30, So und Feiertage 9.30–14.30 Uhr. Thematische Führungen, Erlebnisführungen.

☒ Schlenkerla
Erst ein Besuch dieser stadtbekannten Brauereigaststätte macht einen Aufenthalt in Bamberg komplett. Es gibt herzhafte Brotzeiten, schmackhafte fränkische Spezialitäten und das weltbekannte dunkle »Aecht Schlenkerla Rauchbier«.
Dominikanerstr. 6, Tel. 09 51/560 60, www.schlenkerla.de, tgl. 9.30–23.30 Uhr.

🏠 Hotel Residenzschloss
Unweit der Altstadt gelegenes Vier-Sterne-Hotel mit 184 Zimmern und Suiten, zwei Restaurants, einer Café-Terrasse sowie Wellness- und Fitnessbereich. Moderner Komfort hinter Barockmauern.
Untere Sandstr. 32, Tel. 09 51/609 10, www.welcome-hotel-residenzschloss.de

🏠 Romantik-Hotel Weinhaus Messerschmidt
Ein charmantes, in der Stadtmitte gelegenes historisches Haus – in Familienbesitz bereits seit 1832 –, das seinem Namen alle Ehre macht und in dem schon viele Prominente logierten. Vor Kurzem wurde es um 49 moderne Zimmer und um einen kleinen Wellnessbereich erweitert. Das Restaurant zählt zu den besten im Land.
Lange Str. 41, Tel. 09 51/29 78 00, www.hotel-messerschmidt.de

☒ Restaurant Weierich Bamberg
In einem der ältesten Gasthäuser der Weltkulturerbestadt Bamberg werden regionale wie überregionale Spezialitäten gleichermaßen köstlich zubereitet: Das Angebot reicht vom Fränkischen Sauerbraten bis zur Hanseatischen Hafenplatte, nicht zu vergessen die verschiedenen Wildgerichte.
Lugbank 5, Tel. 09 51/299 93 90, www.restaurant-weierich.de, Die–Fr ab 17 Uhr, Sa/So ab 11 Uhr

Würzburger Residenz

🛈 Residenz
Residenzplatz, Tel. 09 31/35 51 70, www.residenz-wuerzburg.de, April–Okt. 9–18 Uhr, Nov.–März 10 bis 16.30 Uhr.

☒ Backöfele
Weit über Franken hinaus bekanntes Lokal. Bei Kerzenschein an Holztischen sitzend lässt man sich fränkische Kost und Weine munden. Allein die Atmosphäre ist einen Schoppen wert.
Ursulinergasse 3, Tel. 09 31/590 59, www.backoefele.de, Mo–Sa 12–1, So 12–24 Uhr.

Vinothek

Ausschank der Weine des Bürgerspitals zum Hl. Geist in einem schicken, modernen Ambiente. Dazu gibt es einen täglich wechselnden Mittagstisch und noch einige Kleinigkeiten. Das Weingut ist sicherlich eines der größten in Deutschland.
Ludwigstr. 1a, Tel. 09 31/350 34 56, www.buergerspital.de, Di–So 11–24 Uhr.

Best Western Premier Hotel Rebstock

Das nahe der Residenz und der Innenstadt gelegene Haus wurde im Jahr 1408 erstmals erwähnt und ist somit eine der ältesten Herbergen Deutschlands. Das denkmalgeschützte Gemäuer verfügt über 70 Zimmer und besticht durch den freundlichen, nahezu familiären Service und durch das mehrfach ausgezeichnete Gourmetrestaurant.
Neubaustr. 7, Tel. 09 31/309 30, www.rebstock.com

Schloss Steinburg

Bezaubernd gelegenes Schlosshotel mit herrlichem Blick über die Stadt, individuell ausgestatteten Zimmern und 1-A-Service. Die gute Aussicht genießt man auch vom Wellnessbereich aus. Die Innenstadt liegt ganz in der Nähe. Ein kulinarisches Erlebnis verspricht der Besuch des hoteleigenen Restaurants.
Mittlerer Steinbergweg, Tel. 09 31/970 20, www.steinburg.com

Weingut am Stein

Inmitten der berühmten Weinbaulage »Würzburger Stein« liegt dieses ebenso anmutige wie schlichte Gruppen-Gästehaus aus modern verbautem Muschelkalk. Der etwa 120 Quadratmeter große Wohnkubus verfügt über insgesamt drei Zimmer sowie über einen offenen Wohn-Koch-Ess-Bereich und ein Badezimmer und ist in seiner Anmutung ebenso traditionell wie innovativ.
Mittlerer Steinbergweg, Tel. 09 31/258 08, www.weingut-am-stein.de

Altstadt von Regensburg mit Stadtamhof

Tourist-Information

Regensburg, Altes Rathaus, Tel. 09 41/07 44 10, www.regensburg.de, Mo–Fr 9–18, Sa 9–16, So und Feiertag 1. April bis 31. Okt. 9.30–16 Uhr, 1. Nov. bis 31. März 9.30–14.30 Uhr, thematische, aktuelle, szenische und kindgerechte Führungen, Museumsführungen, Erlebnisführungen, Kirchenführungen,

Kreuzschänke

Die Kreuzschänke (mit Biergarten) liegt etwas versteckt hinter dem Arnulfsplatz und soll, so sagen es viele Gäste, die größten Schnitzel von Regensburg servieren. Auf jeden Fall sind die Portionen reichlich und auch alle anderen typisch bayerischen Gerichte sind auf der Karte zu finden.
Kreuzgasse 25, Tel. 09 41/542 00.

Spitalgarten

An der Steinernen Brücke gelegen ist die Gaststätte beliebter Treffpunkt der Regensburger und von Gästen aus aller Welt. Der Biergarten ist der älteste von Regensburg und bietet einen herrlichen Blick auf die Jahninsel und die Altstadt. Hier kann man sich bayerische Schmankerl schmecken lassen.
St. Katharinenplatz 1, Tel. 09 41/847 74, www.spitalgarten.de

Altstadthotel Arch

Inmitten der wunderschönen Altstadt ist dieses Hotel in einem der schönsten Patrizierhäusern von Regensburg untergebracht. Das außergewöhnlich keilförmige Gebäude wurde bereits im 12. Jahrhundert errichtet.

Obere Bildleiste, von links: Best Western Premier Hotel Rebstock, Würzburg; Spitalgarten, Regensburg; Rittersaal im Schlosshotel Steinburg, Würzburg; in den Gaststuben zum Schlössli, St. Gallen; Lobby im Hotel Bellevue Palace, Bern.

[i] Info
[⌂] Übernachten
[☒] Essen & Trinken

Haidplatz 3, Tel. 09 41/586 60, www.altstadthotelarch.de

☒ Bischofshof am Dom

Der Bischofshof ist eines der ältesten deutschen Gasthäuser und bezaubert mit seinen romantisch gestalteten Zimmern, die liebevoll und zugleich auch individuell eingerichtet sind. Besonders entspannend kann man auf der Sonnenterasse oder im hauseigenen Biergarten einen schönen Sommertag ausklingen lassen.
Krauterermarkt 3, Tel. 09 41/584 60, www.hotel-bischofshof.de

Wallfahrtskirche »Die Wies«

i Wieskirche

Steingaden, Wies 12, Tel. 088 62/9 32 29 30, www.wieskirche.de

☒ Alpenhof Murnau

Im ausgezeichneten Hotelrestaurant »Reiterzimmer« überwacht Sterne-Koch Thilo Bischoff die fantasievollen Kreationen der Gourmet-Küche. Er und sein versiertes Team bieten auch Kochkurse an.
Murnau, Ramsacherstr. 8, Tel. 088 41/49 10, www.alpenhof-murnau.com, Mi–So nur abends

Schweiz

Kloster St. Gallen

i St. Gallen-Bodensee Tourismus

St. Gallen, Bahnhofsplatz 1A, Tel. 071/227 37 37, www.stgallen-bodensee.ch, Nov.–April Mo–Fr 9–18, Sa 10–13 Uhr, Mai bis Okt. Mo–Fr 9–18, Sa 10–15 Uhr, Stadtführungen.

i Stiftsbibliothek St. Gallen

St. Gallen, Klosterhof 6D, Tel. 071/227 34 16, www.stiftsbibliothek.ch, Führungen.

☒ Am Gallusplatz

Das preisgekrönte Restaurant in unmittelbarer Nähe zur Kathedrale wird wegen seiner ausnehmend vorzüglichen Gerichte geschätzt – seien es Schweizer Spezialitäten oder gar mediterrane Variationen. Eine besondere Herausforderung sind die Menüs mit acht Gängen.
Gallusstr. 24, Tel. 071/223 33 30, www.gallusplatz.ch, Di–Fr, So 11.30–15, 18–23.30, Sa 18–23.30.

Modernes und elegantes Flair verströmt die Vinothek in Würzburg.

☒ Fondue Beizli

Wohl kaum irgendwo ist die Auswahl an Fondues so reichhaltig wie im Beizli. Jägerfondue, Herrenfondue oder Fleischfondue mit hausgemachten Saucen sind nur einige Beispiele. Weitere Schweizer Klassiker des Restaurants sind Raclette, Chäsknöpfli und Käseschnitten.
Tel 071/222 43 44, www.fonduebeizli.ch, Mo–Sa 11–24 Uhr (Okt–Feb. So 17–22 Uhr).

☒ Gaststuben zum Schlössli

Regionale Küche, bei der meist einheimische Produkte verwendet werden, in einem schlossartigen Gebäude aus dem 16. Jahrhundert.
Zeughausgasse 17, Tel. 071/2 22 12 56, www.schloessli-sg.ch

⌂ Boutiquehotel Jägerhof

Kleines, familiär geführtes Haus, das sich in der Altstadt befindet. Die Küchenchefin ist eine der jüngsten Gourmetköchinnen der Schweiz.
Brühlbleichestr. 11, Tel. 0 71/245 50 22, www.jaegerhof.ch

Altstadt von Bern

i Bern Tourismus

Bern 7, Postfach 169, Amthausgasse 4, Tel. 031/328 12 12, www.berninfo.com, Mo–Fr 8–18, Sa 9–16 Uhr, diverse Stadtführungen und Besichtigungen.

⌂ Hotel Bellevue Palace

Neben dem Bundeshaus gelegen hat das Fünf-Sterne-Hotel Zimmer mit Blick auf Aare und Alpen im Angebot. Die Restaurants Bellevue-Grill/La Terrasse und Zur Münz, lassen die Herzen mancher Gourmets höher schlagen.
Kochergasse 3-5, Tel. 031/320 45 45, www.bellevue-palace.ch

⌂ Hotel Innere Enge

Das Vier-Sterne-Hotel wurde einst als Landgasthaus auf Berner Stadtboden gegründet. Das Hotel, das mitten in einem hübschen Park

[i] Info
[Haus] Übernachten
[X] Essen & Trinken

Obere Bildleiste, von links: Süßes Naschwerk, Café-Konditorei Fürst, Salzburg; Pavillon Brasserie Joséphine, Hotel Innere Enge in Bern.

gelegen ist, besitzt komfortable und individuell eingerichtete Zimmer. Im hoteleigenen Restaurant serviert man internationale Speisen und gerichte mit saisonalen Akzenten. Im Untergeschoss, mit separatem Eingang – aber trotzdem mit dem Hotel verbunden – befindet sich Marians Jazzroom, in dem international renommierte Top-Stars der Jazz- und Bluesszene Konzerte geben.
Engestr. 54, Tel. 031/309 61 11, Marians Jazzroom: Jan.–Mai und Sept.–Dez.

[X] Brasserie Bärengraben
Die Brasserie ist berühmt für ihre Desserts. Und auch die Palette der typischen Brasseriegerichte erfüllt viele Wünsche. Ursprünglich befand sich in dem Gebäude mit kleinem Garten das Cafe Bärengraben, das im Jahr 1890 geründet wurde.
*Grosser Muristalden 1,
Tel. 031/331 42 18,
www.brasseriebaerengraben.ch,
Mo–Fr 7–24, Sa–So 8–24 Uhr.*

[X] Klötzlikeller
Das Kellerrestaurant war einst eine Weinstube, die erstmals in einer Stadtchronik von 1635 erwähnt wurde. In der rustikalen Gaststätte wird unter anderem deftige Küche wie die Berner Platte oder Berner Rösti mit Schweinsbratwurst aufgetischt. Der Klötzlikeller zählt zu den wenigen alten Beizen, die es in der Schweizer Hauptstadt noch gibt.
*Gerechtigkeitsgasse 62,
Tel. 031/311 74 56, www.kloetzlikeller.ch,
Sommer Di–Sa 16–23.30 Uhr,
Winter Mo–Sa 16–23.30 Uhr.*

[X] Moléson
Mitten in Berns Flanierzone, nur wenige Gehminuten vom Bundeshaus und Bahnhof entfernt, liegt das Moléson, schon seit Jahren ein Lokal für Feinschmecker. Die Schlemmerkarte des Hauses verführt den Gast mit Gaumenfreuden der schweizerischen und französischen Küche sowie mit Köstlichkeiten aus der eurasischen Küche.
www.moleson-bern.ch, Mo–Fr 11.30 bis 14.30 und 18–23.30 , Sa 18–23.30 Uhr.

Kloster St. Johann in Müstair

[i] Klostermuseum
Müstair, Museum & Butia Clostra Son Jon, Tel. 081/851 62 28, www.muestair.ch, Mai–Okt. Mo–Sa 9–12 und 13.30–17 Uhr, So (außer 25. Dez.) 13.30–17 Uhr, Nov.–April Mo–Sa 10–12 und 13.30 bis 16.30 Uhr, So (außer 25. Dez.) 13.30 bis 16.30 Uhr, Museums- und Kirchenführungen.

[X] Bergrestaurant Terza
Von der Terrasse des Bergrestaurants hat man einen herrlichen Ausblick auf das Val Müstair. Serviert wird einfache Bergküche mit Spezialitäten vom Hof, wie Trockenfleisch, Rohschinken und Speck aus eigener Produktion. Kaffee und Kuchen (gar köstlich die Bündener Nusstorte!) komplettieren das verführerische Angebot.
Bain Terza, Tel. 081/858 71 60, www.bergrestaurant-terza.ch, Juni–Okt. tgl. 10–22 Uhr, Nov. bis April Sa–So 10–22 Uhr.

Rhätische Bahn in der Kulturlandschaft Albula/Bernina

[i] Verein Welterbe RhB c/o Rhätische Bahn
*Chur, Bahnhofstr. 25,
Tel. 081/288 63 66,
www.rhb-unesco.ch*

[Haus] Hotel Stern
Das Hotel Stern bietet seit mehr als 300 Jahren gepflegte Gastlichkeit. In der Stube werden Bündner Spezialitäten serviert. Hier muss man unbedingt köstliche »Capuns«, »Maluns« oder »Bizochels« probieren.
*Chur, Reichsgasse 11,
Tel. 081/2 58 57 57, www.stern-chur.ch, tgl. 10–23 Uhr.*

Tektonikarena Sardona

[i] Geschäftsstelle IG UNESCO-Weltnaturerbe Tektonikarena Sardona
Heiligkreuz, David Imper, Untergasse 19, Tel. 081/723 59 13, www.geopark.ch, GeoPark-Guide-Führungen.

[X] Restaurant Schlüssel
Das Restaurant ist in einem historischen Patrizierhaus, nahe dem Dorfplatz, untergebracht. Die Gasträume sind im feinen Biedermeierstil eingerichtet und im Sommer wird auch im hübschen Garten aufgetragen. Serviert werden kulinarische Köstlichkeiten der neuen und regionalen Küche.
*Mels, Oberdorfstr. 5,
Tel. 081/723 12 38,
www.schluesselmels.ch, Küche: Di–Sa 11.30–14, 17–21 Uhr.*

Alpenregion Jungfrau-Aletsch-Bietschhorn

[i] Managementzentrum des UNESCO-Welterbes Schweizer Alpen Jungfrau-Aletsch-Bietschhorn
*Naters, Postfach 444, Kehrstr. 12, Klingele Haus, Tel. 027/924 52 76,
www.welterbe.ch*

[i] Ferien im Welterbe Jungfrau-Aletsch-Bietschhorn
*Interlaken, Geschäftsstelle, Obere Bönigstr. 6a, Tel. 079/310 20 57,
www.ferien-im-welterbe.ch*

[Haus] Hotel Victoria-Jungfrau
Das Grand Hotel Victoria-Jungfrau zählt als Nobelherberge mit Belle-Epoque-Flair zu den besten Hotels der Schweiz. Die Zimmer und Suiten beeindrucken in ihrer Ästhetik. Die Restaurants bieten die perfekte Kombination aus luxuriösen Räumen und erlesener Küche.
*Interlaken, Höheweg 41,
Tel. 033/828 28 28,
www.victoria-jungfrau.ch*

Weinterrassen des Lavaux

[i] Fremdenverkehrsbüro in Cully
Cully, Point »i« Cully, Place de la Gare 4, Tel. 021/799 54 54, www.lavaux.ch, Mo–Fr 9–12 und 14–17 Uhr, geschl. Mi nachmittags, Rundfahrt durch die Weinberge mit dem Lavaux Express.

[Haus] Auberge du Raisin
Im Zentrum des Winzerdörfchens Cully liegt dieses charmante kleine Hotel. Die Zimmer sind individuell und aufwendig eingerichtet. Im Sommer können die Gäste auf der romantischen Terrasse des Hotels speisen.
*Place de l'Hôtel-de-Ville 1,
Tel. 021/799 21 31,
www.aubergeduraisin.ch*

Burgen von Bellinzona

[i] Website der UNESCO-Welterbestätte
www.bellinzonaunesco.ch

[i] Fremdenverkehrsbüro Bellinzona
Bellinzona, Casella Postale 1419, Palazzo Civico, Tel. 091/825 21 31, www.bellinzonaturismo.ch, Führungen.

[X] Ristorante Castelgrande
Das Grotto San Michele im Castelgrande von Bellinzona ist gleich doppelt attraktiv. Zum einen bietet die Terrasse den besten Panoramablick über Stadt und Tal, zum anderen kann man hier feine Tessiner Spezialitäten genießen oder sich von mittelalterlichen Rezepten verführen lassen. Dazu gibt es köstlichen heimischen Wein aus den besten Lagen des Tessin.
*Salita al Castello,
Tel. 0 91/8 26 23 53,
www.castelgrande.ch*

Monte San Giorgio

[i] Website der UNESCO-Welterbestätte
www.montesangiorgio.ch

[i] Fremdenverkehrsbüro in Mendrisio
*Mendrisio, Via Lavizzari 2,
Tel. 091/641 30 50,
www.mendrisioturismo.ch*

[X] Grotto Bundi
Wer die Tessiner Küche einmal kosten will, der ist im Bundi bestens aufgehoben. Hier bekommt man Polenta, die mit viel Geduld und Liebe auf kleiner Flamme geköchelt wurde. Dazu vielleicht einen saftigen Brasato und einen Wein der Region.
*Via alle Cantine 24,
Tel. 091/646 70 89,
www.grottobundi.com*

Österreich

Historisches Zentrum von Salzburg

[i] Stadtgemeinde Salzburg
*Salzburg, Mirabellplatz 4,
Tel. 06 62/807 20,
www.stadt-salzburg.at*

[i] Tourismus Salzburg GmbH
*Salzburg, Auerspergstr. 6,
Tel. 06 62/88 98 70, www.salzburg.info, Stadtführungen.*

[X] Café-Konditorei Fürst
Pralinen und Trüffel vom Feinsten. Die Original Salzburger Mozartkugeln, die Konditor Paul Fürst im Jahre 1890 erfand, sind bis heute Salzburgs und Österreichs Souvenir Nummer Eins.
*Getreidegasse 47, Mirabellplatz 5,
Tel. 06 62/84 37 59,
www.original-mozartkugel.com*

ALTSTADT VON BERN

25 Jahre UNESCO-Welterbe

Kaum ist das grosse Fussballspektakel EURO 2008 zu Ende, hat Bern wieder Grund zum Feiern. Diesmal etwas stiller und mit weniger Pomp – aber nicht minder wichtig. Denn 25 Jahre ist es her, als die Altstadt von Bern in den exklusiven Kreis der UNESCO-Weltkulturgüter aufgenommen wurde.

Es sind nicht nur die mittelalterlichen Häuserzeilen, die eindrückliche Dachlandschaft, die Lauben, Keller, Türme und Brunnen, welche Bern zum Publikumsmagnet machen – es ist die Mischung aus Tradition und Moderne. Denn Altehrwürdiges steht hier neben Architektur von Weltformat: Beste Beispiele dafür sind das «Zentrum Paul Klee» oder das Freizeitparadies «Westside» vom Stararchitekten Daniel Libeskind (Eröffnung Oktober 2008).

3 für 2, Bern schenkt Ihnen eine Nacht

Zu Recht rühmte Goethe Bern als die schönste Stadt, die er je gesehen habe. Besuchen also auch Sie die Jubiläumsstadt und profitieren Sie dabei vom Spezialangebot «3 für 2». Das heisst: Sie buchen 3 Nächte, bezahlen aber nur 2.

BernInfo.com/3fuer2

Bern Tourismus, Amthausgasse 4, Postfach 169, CH-3000 Bern 7, Schweiz, T +41 (0)31 328 12 12, BernInfo.com, info@berninfo.com

ERBE DER WELT ÖSTERREICH

🛈 Info
⌂ Übernachten
☒ Essen & Trinken

Obere Bildleiste, von links: Suite im Hotel Altstadt Vienna, Wien; das Ramsauer Almplateau mit der imposanten Dachstein-Südwand im Hintergrund.

⌂ Goldener Hirsch
Die Salzburger Festspielhäuser in unmittelbarer Nachbarschaft, die weltbekannte Getreidegasse vor der Tür und Tradition auf jedem Quadratmeter bietet diese Luxusherberge im Zentrum der Mozartstadt. Die 69 Zimmer haben trotz allem modernen Komfort den Charme einer Herberge des 15. Jahrhunderts. Vorzüglich speist man im hauseigenen Restaurant »Goldener Hirsch«, wo Küchenchef Gernot Hicka österreichische und internationale Spezialitäten zubereitet.
Getreidegasse 37, Tel. 06 62/8 08 40, www.starwoodhotels.com/goldenerhirsch

⌂ Hotel Schloss Fuschl
Auf einer Halbinsel im Fuschlsee gelegen, diente das 1450 als Jagdschloss erbaute Haus später als Sommerresidenz der Salzburger Erzbischöfe. Weltberühmt wurde das Schloss als malerische Filmkulisse der »Sissi«-Filme. Nach umfassender Restaurierung genießt der Gast hier wieder exklusiven Service in romantischem Ambiente.
Schlossstr. 19, Tel. 0 62 29/2 25 30, www.schlossfuschl.at

🛈 Salzburger Festspiele
Die Salzburger Festspiele wurden 1920 mit der Aufführung des »Jedermann« von Hugo von Hofmannsthal in der Regie von Max Reinhardt auf dem Domplatz geboren. Seither zieht es die Besucher aus aller Welt in die Mozartstadt. Heute bieten die Festspiele eine Mischung aus Theater, Oper und Konzert an zahlreichen Spielstätten. Zum Teil sind es umjubelte Uraufführungen.
www.salzburgfestival.at, 9.–12. Mai und 26. Juli–31. Aug. 2008.

Kulturlandschaft Wachau

🛈 Donau Niederösterreich Tourismus GmbH
Spitz/Donau, Regionalbüro Wachau-Nibelungengau-Kremstal, Schlossgasse 3, Tel. 027 13/300 60 60, www.wachau.at

☒ Café-Konditorei Hagmann
Hier entsteht seit 165 Jahren die mehrfach preisgekrönte Original Wachauer Schokolade: Wein-, Likör-, Edelbitter-, Mohnschokolade und vielerlei handgemachte Spezialitäten mehr. Die Zutaten stammen vorwiegend aus der Wachau und dem Waldviertel und werden ohne künstliche Konservierungsstoffe hergestellt. Im Café kann man sich die süßen Köstlichkeiten munden lassen.
Krems, Untere Landstr. 8, Tel. 027 32/831 67, www.hagmann.co.at, Mo–Fr 7–18.30, Sa 7–17.30, So 13.30–18 Uhr (Juli/Aug. So nicht.).

Historisches Zentrum von Wien

🛈 WienTourismus
Wien, Tel. 01/21 11 40, www.wien.info, Stadtführungen, Besichtigungen, Busrundfahrten.

Schloss Schönbrunn

🛈 Schloss Schönbrunn Kultur- und Betriebsges.m.b.H.
Wien, Schloss Schönbrunn, Tel. 01/81 11 32 39, www.schoenbrunn.at

☒ Griechenbeisl
Wiens ältestes Wirtshaus seit 1447 mit zahlreichen Stuben. Berühmt ist vor allem das Mark-Twain- bzw. Unterschriftenzimmer, dessen Decke und Wände mit den Autogrammen prominenter Künstler, Politiker und Wissenschaftler übersät ist (u. a. Mozart, Einstein, Beethoven). Es wird traditionell wienerisch aufgetischt.
Fleischmarkt 11, Tel. 01/5 33 19 77, www.griechenbeisl.at, tgl. 11–1 Uhr.

☒ Gulaschmuseum
Über 15 zum Teil recht ungewöhnliche Varianten des ungarischen Klassikers sowie eine kleine Auswahl an Tagesgerichten und typischen Wiener Schmankerln. Schokogulasch als einzigartige Nachspeise. Keinerlei Museumsstücke als Deko, aber ein buntes Publikum und einige Sitzplätze draußen.
Schulerstr. 20, Tel. 01/512 10 17, www.gulasch.at, Mo–Fr 9–24, Sa, So und Fei 10 bis 24 Uhr.

☒ Mayer am Pfarrplatz
Freude, schöner Götterfunken! Behaglicher und offenbar inspirierender Heuriger mit großem, nussbaumbeschatteten Garten, Innenhof und Stüberln, in dem Beethoven seine großartige Neunte Symphonie schrieb.
Pfarrplatz 2, Tel. 01/3 70 33 61, www.pfarrplatz.at, Mo–Sa ab 16, So/Fei ab 11 Uhr, geschl. Ende Dez.–Mitte Jan.

☒ Palmenhaus
Das Café-Brasserie-Restaurant bietet Kleinigkeiten (etwa Rote Rüben und Birnen mit gereiftem Ricotta) sowie raffinierte Hauptgerichte und ein klassisches wie modernes Ambiente. Stilvoller Abschluss eines Hofburg- oder Albertinabesuchs.
Burggarten, Tel. 01/5 33 10 33, www.palmenhaus.at, März–Okt. tgl. 10–2, Nov./Dez. Mo–Do 11.30–24, Fr 11.30–2, Sa 10–2, So und Fei 10–24, Jan./Feb. Mi–Do 11.30–24, Fr 11.30–2, Sa 10–2, So/Fei 10–24 Uhr.

⌂ Hotel Altstadt Vienna
In einem restaurierten Patrizierhaus in der Nähe des Museumsquartiers hat jedes der 42 Zimmer und Suiten seine persönliche Note. Der renommierte italienische Designer und Architekt Matteo Thun fand die ideale Verbindung zwischen dem charmanten Flair der vorletzten Jahrhundertwende und dem modernem Komfort.
Kirchengasse 41, Tel. 01/5 22 66 66, www.altstadt.at

⌂ Hotel Sacher
Eines der führenden Lusxushotels in der Welt, gleich an der Staatsoper gelegen, und nicht allein wegen der Torte, die der Vater des Nobelhotelgründers einst erfand, bekannt. Im sechsten und siebten Stock märchenhafte Suiten und toller Ausblick.
Philharmonikerstr. 4, Tel. 01/51 45 60, www.sacher.com

Kulturlandschaft Neusiedler See

🛈 Informationszentrum Hauswiese
Illmitz, Tel. 021 75/34 42, www.nationalpark-neusiedlersee.org, Führungen und Exkursionen.

⌂ Hotel Wende
Mehrfach ausgezeichneter Familienbetrieb am Ufer des Sees, freundlich und sehr gemütlich, mit Hallen- und Dampfbad sowie Sauna und Whirlpool.
Neusiedl am See, Seestr. 40, Tel. 021 67/811, www.hotel-wende.at

Hallstatt-Dachstein und Salzkammergut

🛈 Tourismusverband Hallstatt
4830 Hallstatt, Postfach 4830, Seestr. 169, Tel. 061 34/82 08, http://www.oberoesterreich.at/hallstatt

⌂ Seehotel Grüner Baum
Dieses wunderschöne Hotel befindet sich in traumhafter Lage am Hallstätter See und dem historischen Marktplatz von Hallstatt – das erste Haus am Platz sozusagen. Feinschmecker sollten auf alle Fälle die renommierten Hotelrestaurants aufsuchen.
Marktplatz 10a, Tel. 061 34/82 63, www.gruenerbaum.cc

Semmering-Eisenbahn

🛈 Informationszentrum am Bahnhof Semmering
Semmering, Tel. 026 64/200 25, www.semmeringbahn.at

⌂ Panoramahotel Wagner
Viersternehaus mit naturnaher Unternehmensphilosophie für den stilvollen »Ökoaufenthalt«. Gemütlich eingerichtete, helle Zimmer. Man nutzt regenerative Energien, verzichtet auf Mikrowellengeräte, nutzt ausschließlich Naturanstriche und -textlien und tischt biologisch einwandfrei auf, um nur eine Auswahl charakteristischer Beispiele zu nennen.
Hochstr. 267, Tel. 026 64/251 20, www.panoramahotel-wagner.at

Altstadt von Graz

🛈 Graz Tourismus mit Informationsbüro
Graz, Herrengasse 16, Tel.03 16/807 50, www.graztourismus.at, Stadtführungen, Besichtigungen und Busrundfahrten.

☒ Gasthof Stainzerbauer
Kreativ »aufgepeppte« und gehobene steirische Delikatessen, hervorragende Weine und gepflegte Gastlichkeit, die man bei schönem Wetter auch im herrlichen Renaissance-Innenhof genießen kann.
Bürgergasse 4, Tel. 03 16/82 11 08, www.stainzerbauer.at

⌂ Hotel zum Dom
Genussreiches Wohnen im Herzen der UNESCO-Weltkulturerbestadt. Das Haus besitzt 29 individuell gestaltete, behagliche Gästeräume. Die Grundmauern des Stadtpalais stammen aus dem 14. Jahrhundert.
Bürgergasse 14, Tel. 03 16/82 48 00, www.domhotel.co.at

›achstein Salzkammergut

Bilder: OÖ Tourismus

ı Herzen des legendenumwobenen Salzkammergutes liegt am Fuße des mächtigen Dachsteins eine Perle ɜr besonderen Art – die historische Kulturlandschaft des Inneren Salzkammergutes mit den Orten allstatt, Bad Goisern, Gosau und Obertraun.

ɛben den Seen, der seltenen Fauna und Flora, den bedeutenden archäologischen ındstätten und der eindrucksvollen Bergwelt mit ihren Schauhöhlen – der szinierenden Rieseneishöhle, der gewaltigen Mammuthöhle und den unterirdischen ildwasserschauspielen der Koppenbrüllerhöhle – ist diese Landschaft von einer sich ɒer dreieinhalb Jahrtausende erstreckenden kulturellen Kontinuität geprägt.

ılz ist das „weiße Gold" Hallstatts. Seine Gewinnung reicht bis in die mittlere ronzezeit zurück und begründete den Reichtum der Bevölkerung. Erleben Sie eine nzigartige Führung zur Geschichte vom „Mann im Salz" in den Salzwelten Hallstatt. rabfunde aus dieser Zeit, die einer ganzen Epoche den Namen „Hallstattkultur" ɛrliehen haben, erzählen noch heute von diesem Wohlstand. Wertvolle Objekte sind ı Museum Kulturerbe Hallstatt ganzjährig zu besichtigen. Entdecken Sie die reizvolle rchitektur mit den typischen Holzverzierungen und spüren Sie die Kraft des gelebten rauchtums.

EINE REISE DURCH DIE HALLSTATTZEIT

3 Übernachtungen mit Frühstück in einem 3-Sterne-Gasthof inkl. folgender Leistungen:

Fahrt mit der Salzbergbahn & Dachsteinseilbahn Obertraun (1. Teilstrecke)

Eintritte: Salzwelten Hallstatt; Rieseneishöhle und Mammuthöhle; Museum Kulturerbe Hallstatt

buchbar vom 21.5.–15.10.

Preis pro Person im Doppelzimmer ab 169,– Euro.

›urismusverband Inneres Salzkammergut, Kirchengasse 4, 4822 Bad Goisern
+43 (0) 6135 8329, F: DW -74, E: info@inneres-salzkammergut.at
ww.inneres-salzkammergut.at

inneres salzkammergut

Bildnachweis

BB = Bilderberg
C = Corbis
L = Laif
Schapo = Schapowalow

Titel (groß): Huber; Titel l. 1: DFA; Titel l. 2: L/Boening; Titel l. 3: Bieker; Titel l. 4: Premium.
S. 1: Ifa; S. 2/3: N:N; S. 4/5: L/Boening; S. 6/7: L/Huber; S. 8/9: L/Kirchner; S. 10/11: L; S. 12/13: Schapo; S. 14/15: Zielske; S. 16/17:Zielske; S. 18/19: Zielske; S. 18 1: P/Wothe; S. 18 2: L/Modrow; S. 20: N:N; S. 21 o.: Zielske; S. 21 u.: L; S. 22/23: Huber; S. 23: Wandmacher; S. 24 l.: C; S. 24 r.: C; S. 25 o.: Monheim; S. 25 u.: C; S. 26 o.: Freyer; S. 26 u.: Böttcher; S. 27 o.: Zielske; S. 27 u.: C/Remondo; S. 28: C; S. 29 o.: C; S. 29 l.: C; S. 29 r.: C; S. 29: C; S. 30 l.: C; S. 30/31: C; S. 32 u. l.: Zielske; S. 32 u. r.: Huber; S. 32/33: Romeis; S. 33 o.: Romeis; S. 34/35: Zielske; S. 35 o. l.: Zielske; S. 35 o. r.: AKG; S. 35 r.: Zielske; S. 36 l.: L/Modrow; S. 36/37: L/Modrow; S. 38: L/Kreuels; S. 38/39: L; S. 39 o.: Getty; S. 40: AKG; S. 40/41: Schapo/Menges; S. 41 o.: AKG; S. 42: L/Boening; S. 42/43: L/Boening; S. 43 o. l.: L/Boening; S. 43 o. M.: L/Boening; S. 43 o. r.: L/Boening; S. 44/45: Böttcher; S. 44 u.: L/Riehle; S. 45 o.: archivberlin; S. 46/47: L/Boening; S. 46 u. l.: L/Adenis; S. 46 u. M.: L/Adenis; S. 46 u. r.: L/Adenis; S. 48 l.: AKG; S. 48/49: L/Galli; S. 50/51: L/Adenis; S. 51 o. l.: L/Boening; S. 51 o. M.: L/Boening; S. 51 o. r.: L/Boening; S. 52/53: L/Galli; S. 53 o. l.: L/Adenis;S. 53 o. M.: L/Westrich; S. 53 o. r.: Ostkreuz; S.54/55: ALIMDI:NET/euroluftbild.de, S. 54 u.: arturimages/ Henkelmann, S.55 o.: Aro Images/ Hildebrandt, S. 55 m.+ u.: arturimages/ Goener, S. 56/57: Zielske; S. 57: C; S. 58 u.: Zielske; S. 58/59: Zielske; S. 60 l.: L/Zanettini; S. 60/61: L/Babovic; S. 61 o.: L/Babovic; S. 61 u. l.: L/Babovic; S. 61 u. M.: L/Babovic; S. 61 u. r.: L/Babovic; S. 62/63: Zielske; S. 63 o.: Zielske; S. 64 l.: AKG; S. 64/65: Weißflog; S. 65 o. l.: NN; S. 65 o. r.: AKG; S. 66/67: Zielske; S. 67 o.: Staatliche Kunstsammlungen Dresden; S. 67: Zielske; S. 68 o.: L/Babovic; S. 68/69: Zielske; S. 69 o. l.+ m.+ r.: Staatliche Kunstsammlungen Dresden; S. 70/71: Zielske; S. 70 o.: Zielske; S. 72 u. l.: Huber; S. 72 u. r.: L/Huber; S. 72/73: L/Kirchner; S. 73 o.: Michalke; S. 74 o. l.: Otto; S. 74 o. r.: Blume; S. 74/75: Monheim; S. 75 o.: C; S. 76/77: L/Kreuels; S.77 o.: Focus/Kruska; S. 77 u.: Bieker; S. 78/79: P/Waldkirch; S. 79 o.: Dietrich; S. 80/81: Zielske; S. 81 o. l.: Klammet; S. 81 o. r.: Monheim; S. 82/83: Zielske; S. 83 o. l.: Huber; S. 83 o. r.: Huber; S. 83 u.: DFA; S. 84 l.: C; S. 84 r.: BB/Sackermann; S. 85 r.: BB/Sackermann; S. 85 o.: Otto; S. 85 l.: Otto; S. 85 r.: BB/Sackermann; S. 86/87 o.: L/Gaasterland; S. 86/87 u.: Premium; S. 86 l. 1: Huber; S. 86 l. 2: Zielske; S. 86 l. 3: Mauritius; S. 86 l. 4: Huber; S. 87 o.: Richner; S. 88 o.: C/Yamashita; S. 88 u.: Zielske; S. 89 o.: Huber; S. 89 u.: Huber; S. 90/91: L/Shirley; S. 91 o.: L/Kreuels; S. 91 u.: L/Shirley; S. 92: Monheim; S. 93 o. l.: Monheim; S. 93 o. r.: Monheim; S. 93: Monheim; S. 94/95: C/Blair; S. 95 o. l.: C/Blair; S. 95 o. r.: C/Blair; S. 95 u. l.: C/Blair; S. 95 u. M.: C/Blair; S. 95 u. r.: C/Blair; S.96 o.: L/Eid; S. 96: Monheim; S. 96 u.: L/Eid; S. 97 o.: Kustos; S.97 u.: Monheim; S. 98/99: Huber; S. 99 o.: Visum; S. 99 u.: Stoppel; S. 100/101: Zielske; S. 101 o. l.: IFA/ Grüner; S. 101 o. r.: C/Archivo Iconographico; S. 102/103: Bieker; S. 103 o.: Zielske; S. 104 l.: AKG; S. 104/105: Zielske; S. 105 o. 1: Romeis; S. 105 o. 2: Zielske; S. 105 o. 3+o. 4: Wackenhut; S. 106: BB; S. 106 o.: L; S. 106 u.: L; S. 107 o.: L; s. 107 u.: L; S. 108/109: Huber; S. 109 o.: Romeis; S. 110/111: L/Kirchgessner; S. 111 o.: f1online/ Prisma; S. 111 r.: Bieker; S. 112/113: Visum/ Buellesbach; S. 113 o. 1: BA-online; S. 113 o. 2: Renckhoff; S. 113 o. 3: Visum/ Buellesbach; S. 113 o. 4: Renckhoff; S. 113 u.: Visum/Buellesbach; S. 114 l. o.: AKG; S. 114 l. u.: AKG; S. 114: Mauritius; S. 115 o.: Monheim; S. 115 u.: AKG; S. 116 o.: laif/Galli, S. 116 u.: mediacolors/Bangerter, S. 117 o.: mediacolors/ Roggensinger, S 117 u.: F1 online/ Prisma, S. 118/119: MCS/Eigstler; S. 119 o.: MCS/Eigstler; S. 119 u.: Arco/Zueger; S. 120 o. l.: Schapo/Sime; S. 120 o. M.: Schapo/Sime; S. 120 o. r.: Schapo/Sime; S. 120/121: MCS; S. 122/123: Alamy/Scott; S. 123 o.: Alamy/Christodolo; S. 123 M.: MCS; S. 123 u.: MCS; S. 124 o.: DFA/Meyer; S. 124 u.: Schapo/Atlantide; S. 125 o.: Schapo/Jaeger; S. 125 u.: C; S. 126 o.: Premium; S. 126/127: L/Hemispheres; S. 127 o. l.: L/Heuer; S. 127 o. M.: L/Caputo; S. 127 o. r.: L/Hoa-Qui; S. 128 o.: Rainer Jahns; S. 128/129: L/Heuer; S. 130 o.: Caro/ Riedmiller; S. 130 u.: Caro/ Riedmiller; S. 131 o. l.: Caro/Riedmiller; S. 131 o. M.: BA-online; S. 131 o. r.: Caro/Riedmiller; S. 131 u.: Arco/Hicker; S. 132 o.: Ifa; S. 133 o.: DFA/Riedmiller; S. 132/133: Ifa; S. 134 o.: Bilderbox; S. 134/135: C/Damm; S. 135 o.: MCS/ VSL; S. 136 o.: NN; S. 136/137: L/Kristensen; S. 137: L/Hemispheres; S. 138/139: BA-online; S. 139 o. l.: alimdi/Schuschel; S. 139 o. M.: alimdi/Schuschel; S. 139 o. r.: Focus/ Crandall; S. 139 u.: L/Heeb; S. 140 l.: AKG; S. 140/141: L/Hahn; S. 142/143: FAN/ Lubenow; S. 143 o. l.: BA-online; S. 143 o. M.: Look/Herzig; S. 143 o. r.: L; S. 143 u.: L/Heeb; S. 144/145: L/Huber; S. 145 o.: alimdi/Handel; S. 146/147: Monheim; S. 147 o.: MCS; S. 147 u.: f1online/ austrophoto; S. 148/149: Huber; S. 149 o. 1: f1 online/Becker; S. 149 o. 2: Okapia; S. 149 o. 3: Okapia; S. 149 o. 4: Arco; S. 149 o. 5: Blickwinkel/Meyers; S. 149 o. 6: naturbildportal/ Essler; S. 149 u. 1: alimdi/Kosanetzky; S. 149 u. 2: naturbildportal; S. 149 u. 3: naturbildportal/ Essler; S. 149 u. 4: Arco/ Usher; S. 150 o.: AKG; S. 150 u.: AKG; S. 150: A1PIX; S. 151 o.: AKG; S. 151: MCS/VSL; S. 152 o.: L/Kristensen; S. 152/153: L/Kristensen; S. 154/155: C.; 160 groß: Zielske; 160 L/Heuer; 162 o. 1: Parkhotel Bremen; 162 o. 2: Restaurant L'Orchidee Bremen; 162 o. 3: Restaurant Wullenweber Lübeck; 162 o. 4: Die Butterhanne Goslar; 163 o 1: Visum/D. Vogel; 163 groß: FAN/Kreder; 164 o. 1: images.de/Enters; 164 o. 2: L/Adenis/ GAFF; 164 o. 3: Jahreszeitenverlag; 164 o. 4: L/Joergensen; 164 groß: Franka Bruns; 165 o 1: Hotel auf der Wartburg; 167 o. 1:Schloss Hotel Dresden-Pillnitz; 166 o. 2: Hotel auf der Wartburg; 168 o.1: Restaurant Müller/Schloss Hotel Lerbach; 168 o. 2 u. 3: Hotel Excelsior Ernst; 168 o. 4 : Hotel Brennerscher Hof; 169 o. 1: Hotel Ling Bao; 170 o. 1: Hotel Domhof; 170 o.2: Parkhotel ALbrecht; 173 0. 1: Ramada Hotel Residenzschloss; 173 groß: Brauerei Schlenkerla; 174 o. 1: Best Western Premier Hotel Rebstock; 174 o.2: Gaststätte Spitalgarten; 174o.3: Schlosshotel Steinburg; 174 o. 4: Gaststuben zum Schlössli; 175 o. 1: Hotel Bellevue Palace; 175 groß: Brügerspital Vinothek; 176 o. 1: Cafe-Konditorei Fürst; 176 o. 2: Pavillon Brasserie Josephine / Hotel Innere Enge; 178 o. 1: Hotel Altstadt Vienna; 178 o. 2: Planai Bahnen/Foto: Herbert Raffalt.

Impressum

Königinstraße 11
80539 München
Telefon +49.89.45 80 20-0
Fax +49.89.45 80 20-21
www.kunth-verlag.de